Je bouge
en altitude

Directeur de la collection : Grégoire Millet
Conception graphique : Jennifer Freuler
Photos de couverture : istockphoto / Joanna Wnuk, unsplash / Go wild

Editions Planète Santé / Médecine et Hygiène
Chemin de la Mousse 46
1225 Chêne-Bourg
Suisse

boutique.planetesante.ch – livres@planetesante.ch

ISBN 978-2-88941-076-7
ISBN epub 978-2-88941-077-4

en altitude

Pour améliorer mes performances et ma santé

Grégoire Millet et Olivier Girard

planète santé

UNIL | Université de Lausanne
Institut des sciences du sport de l'Université de Lausanne

Présentation des auteurs

Grégoire Millet est professeur de physiologie de l'exercice à l'ISSUL, l'Institut des Sciences du Sport de l'Université de Lausanne, la « capitale Olympique ».

Il a publié plus de 340 articles dont 280 articles dans des revues scientifiques indexées, 40 chapitres de livres ainsi que 5 livres. Il est actuellement l'éditeur en chef de la revue Frontiers in Sports and Active Living et est régulièrement invité à l'international (plus de 300 communications orales ou conférences). Il est le directeur de la collection « Je bouge » qui vise à promouvoir l'activité physique.

Ses domaines d'expertise sont: 1) l'approche translationnelle (du moléculaire au systémique) des réponses physiologiques à l'exercice en hypoxie (avec des modèles de souris, de patients métaboliques ou de sportifs); 2) l'optimisation de l'entraînement intermittent; 3) le couplage mécanique/physiologique des différentes locomotions sportives; 4) l'analyse de la fatigue (neuromusculaire et neurovégétative); 5) l'ultra-endurance.

Dans une vie antérieure, Grégoire a été un triathlète professionnel (champion de France) puis un entraîneur de triathlon élite dans plusieurs pays (France, Grande-Bretagne, Hong Kong), et consultant pour plusieurs Jeux Olympiques. À titre personnel, il a participé à plusieurs grandes épreuves d'endurance (Vasaloppet; Embrun ou Hawaï triathlon). À l'âge de 50 ans, il a fini second du Tor des Géants en Italie en 78 heures.

https://www.researchgate.net/profile/Gregoire_Millet2

UNIL | Université de Lausanne
Institut des sciences du sport
de l'Université de Lausanne

Olivier Girard a aujourd'hui une expérience d'une quinzaine d'années dans le domaine de la physiologie de l'exercice et la biomécanique sportive. Celle-ci lui permet de proposer des solutions efficaces afin de maximiser la performance des joueurs de sports collectifs et de raquettes. Son travail doctoral en Sciences du Mouvement Humain (thèse soutenue en 2006 auprès de l'Université Montpellier) s'est intéressé à la compréhension des déterminants métaboliques/physiologiques, neurophysiologiques et biomécaniques de la performance au tennis et squash. Par la suite, il a travaillé en tant que chercheur au Aspetar Orthopaedic and Sports Medicine Hospital (Doha, Qatar) pendant près de huit ans (entre 2008 et 2014 puis entre 2016 et 2018), ainsi qu'à l'Université de Lausanne (entre 2014 et 2015). Son activité consistait à apporter des solutions concrètes aux problèmes cliniques rencontrés par les athlètes professionnels concernés et notamment l'utilisation de l'entraînement en altitude dont il avait la charge.

Olivier Girard travaille aujourd'hui comme enseignant chercheur à la Murdoch University à Perth (Australie), où il gère un groupe d'intérêt sur l'exercice et le stress environnemental regroupant plus de 20 membres. Ses travaux de recherche ont pour objet principal d'identifier, décrire et quantifier les mécanismes potentiellement responsables de la fatigue lors d'exercices locomoteurs intermittents réalisés à haute intensité comme notamment les sprints répétés. Il étudie plus principalement l'ajustement de la fonction neuromusculaire et les altérations mécaniques de la foulée associées à ces exercices intenses lorsqu'ils sont réalisés en situation de stress environnemental élevé (chaleur, hypoxie). Actuellement, ses activités de recherche questionnent plus particulièrement l'intérêt de l'entraînement en hypoxie pour améliorer la performance dans les activités intermittentes de haute intensité (par exemple le rugby ou le tennis) et la santé de patients obèses.

À ce jour, il a publié plus de 125 articles dans des journaux à comité de lecture, une vingtaine de chapitres de livres et a délivré plus de 150 présentations lors de conférences d'envergure internationale incluant 30 présentations invitées.

www.oliviergirard.com

MURDOCH
UNIVERSITY

Sommaire

Introduction

Credit: unsplash/Philippe Toupet

Nous avons la chance d'être entourés de montagnes, plus ou moins hautes, plus ou moins accessibles. C'est un formidable terrain de jeu pour de nombreux sportifs, qu'ils soient traileurs, skieurs, alpinistes, cyclistes ou simples randonneurs amoureux de la nature.

Force est pourtant de constater qu'au-delà de ces adeptes de la montagne, peu de personnes connaissent et donc utilisent l'altitude, qui s'accompagne d'une diminution de la quantité d'oxygène dans le sang, comme un moyen pour améliorer ses performances sportives, sa condition physique ou peut-être de manière plus surprenante tout simplement sa santé au quotidien. Par ailleurs, il est particulièrement dommageable que dans nos vallées ou nos villages de montagne, les bénéfices à tirer du fait de vivre et/ou de faire de l'exercice en altitude modérée soient sous-estimés.

En même temps qu'elle attire, l'altitude fait aussi souvent réfléchir car nous gardons en mémoire les exploits – Jean Troillet, Reinhold Messmer... – et les tragédies – Erhard Loretan et Ueli Steck, parmi tant d'autres – sur les sommets Alpins ou Himalayens, entre chutes et hypothermie. On sait moins que l'altitude modérée est aussi un moyen efficace de prévention des pathologies cardiovasculaires (hypertension) et/ou métaboliques (diabète, obésité). On peut parler d'« altitude-médicament » où là aussi, *c'est la dose qui fait le poison*, comme l'avertissait Paracelse, un des pionniers de la médecine dès le XVIe siècle.

Dans ce livre qui vise principalement à expliquer les bénéfices mais aussi les risques liés à l'altitude, nous allons d'abord détailler ce que sont l'altitude et l'hypoxie – ou état d'oxygénation insuffisante de l'organisme, puis nous présenterons deux grands types d'application de l'hypoxie :

L'amélioration des performances sportives et de la condition physique tout d'abord : nous présenterons le panorama complet des méthodes d'entraînement en hypoxie disponibles puis celles plus classiques utilisées par les sportifs d'endurance (**chapitre 1**) suivi des méthodes plus récentes pour les sports intermittents (sports collectifs, de raquette ou de combat) (**chapitre 2**). Il existe aussi des moyens de stimuler l'organisme en modifiant sa respiration (**chapitre 3**). Moins connu, l'intérêt de faire de la musculation en hypoxie est aussi détaillé (**chapitre 4**). Une des clefs de la réussite est de savoir combiner les différentes méthodes en fonction de ses objectifs (**chapitre 5**). La préparation pour des activités en très haute altitude (par exemple, trekking dans l'Himalaya) demande une préparation spécifique (**chapitre 6**). Enfin, nous répondrons aux questionnements éthiques légitimes sur l'utilisation de l'altitude chez le sportif (**chapitre 7**).

Ensuite, nous parlerons de l'amélioration de la santé ainsi que la réduction des risques de maladies cardio-métaboliques : nous détaillerons les bénéfices sur la santé de vivre et/ou de faire de l'exercice en montagne. Les méthodes à disposition de chacune et chacun d'entre nous seront présentées, ainsi que chez des patients dont on a longtemps pensé que l'altitude était uniquement un facteur de risques supplémentaire. Sur la base de la littérature scientifique existante, nous détaillerons les bénéfices pour les personnes en surpoids ou en situation d'obésité (**chapitre 8**) ou pour les patients hypertendus, ayant des problèmes vasculaires ou cardiaques (**chapitre 9**). Vivre en altitude est aussi un « coach santé » pour les personnes âgées ou vieillissantes (**chapitre 10**). Nous présenterons aussi le revers de la médaille, si l'exposition hypoxique est trop sévère ou si l'exercice n'est pas adapté. Les maladaptations liées à la haute altitude et comment réduire leur risque de survenue seront abordés (**chapitre 11**).

Qu'est-ce que l'altitude ? Qu'est-ce que l'hypoxie ?

L'altitude est une donnée géographique. L'altitude d'un point donné est la distance (en mètres, m) à une surface qui est le niveau de la mer (**Figure 1**). Le point terrestre le plus haut, « le toit du monde », est le sommet du Mont Everest, qui culmine à 8848 m. Il existe 14 sommets de plus de 8 000 m dans le monde et pas moins de 82 sommets de plus de 4 000 m dans les Alpes (48 en Suisse, 38 en Italie et 25 en France, compte tenu du fait que 29 se trouvent sur des arêtes frontières), dont le Mont-Blanc qui est le plus haut sommet d'Europe (4809 m). Il existe aussi des points terrestres avec une altitude négative, comme la Mer morte (- 420 m).

Plus on monte en altitude, plus la température et la pression barométrique diminuent (**Tableau 1**).

En altitude, le corps est en hypoxie*, un terme scientifique qui signifie « être en manque d'apport d'oxygène » (*hypo* vient du grec *hupo* qui veut dire « en dessous »). Ce manque d'oxygène – ou plus exactement cette baisse de la pression en oxygène – est observé aux différentes étapes de la cascade

* Les termes scientifiques et les abréviations sont expliqués dans le glossaire en fin d'ouvrage

en oxygène entre l'air ambiant et le muscle (Figure 2). Il se traduit par un environnement moins favorable pour utiliser l'énergie métabolique que fournit l'oxydation des glucides et des lipides afin de générer la contraction musculaire et créer le mouvement. Donc, et contrairement à une idée commune, nous ne montons pas en altitude pour nous oxygéner, nous régénérer ou récupérer. La situation hypoxique, soit la diminution de la quantité d'oxygène dans le sang, est un stress que l'on impose à l'organisme, et cette stimulation induit des modifications physiologiques qui peuvent être bénéfiques pour la performance physique ou la santé. Trop peu de temps et/ou des altitudes trop faibles, et le « médicament » est inefficace ; à l'inverse, trop longtemps, trop rapidement ou trop haut, et la dose devient néfaste.

Tableau 1 - Données de température et pression barométrique à différentes altitudes

Altitude (m)	**Miami** (0 m)	**Denver** (1 600 m)	**Mexico** (2 200 m)	**Pikes Peak** (4 300 m)	**Mont Everest** (8050 m)
Pression barométrique (mmHg)	760	631	585	430	253
% oxygène dans l'air	20.93	20.93	20.93	20.93	20.93
Pression partielle en oxygène dans l'air (mmHg)	159	132	122	90	53
Température typique (°C)	15	9	2	-11	-43

On doit donc définir une « dose hypoxique » en fonction de la durée d'exposition et de la sévérité de l'altitude.

Pour le sportif, si ces ajustements sont susceptibles d'être bénéfiques à la performance, ils peuvent aussi générer une fatigue et progressivement amener à un état de surentraînement.

Figure 1 - Pression atmosphérique et oxygène

La pression atmosphérique est la pression qu'exerce l'air sur une surface. Elle diminue avec l'altitude, car plus on s'élève dans l'atmosphère, moins il y a d'air et donc moins le poids est grand. La pression atmosphérique diminue ainsi de moitié tous les 5500 mètres.

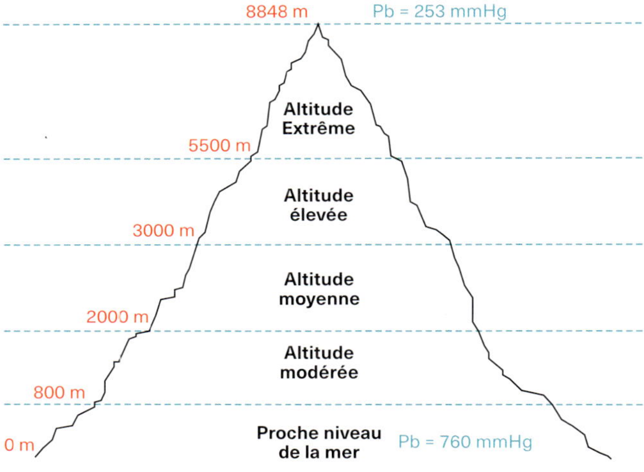

Pb : pression barométrique

Pour le patient, la condition hypoxique peut s'accompagner d'adaptations favorables concernant sa composition corporelle, sa santé cardiovasculaire ou plus globalement sa condition physique.

Figure 2 - Effet domino : cascade d'oxygène selon l'altitude

Pour aller de l'extérieur jusqu'aux cellules qui en ont besoin, l'oxygène suit un trajet dont le mouvement est basé sur une chute progressive de la pression. Cette chute de pression va permettre à l'oxygène de passer à travers les voies respiratoires, les poumons, le sang, les tissus et enfin les muscles pour arriver à chacune des cellules de l'organisme. Avec l'altitude, l'apport d'oxygène aux cellules est plus difficile, car la pression de départ est plus faible, ce qui augmente l'hypoxie (inadéquation entre les besoins tissulaires en oxygène et les apports).

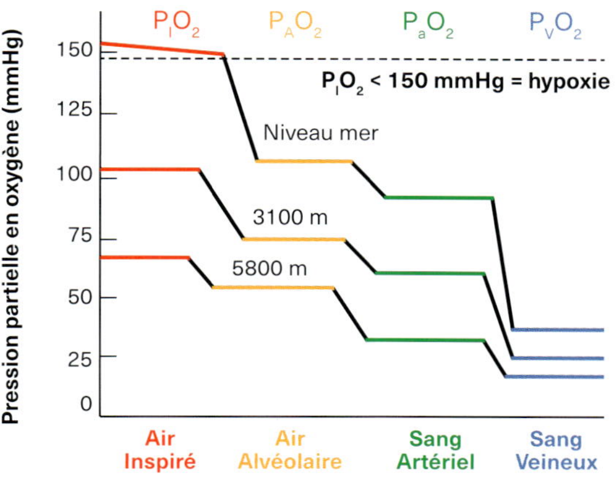

P_IO_2 : Pression inspirée en oxygène ; P_AO_2 : Pression alvéolaire en oxygène ; P_aO_2 : Pression artérielle en oxygène ; P_VO_2 : Pression veineuse en oxygène.

Attention: une altitude trop sévère peut aussi avoir un effet néfaste ou même être dangereux pour la santé. On parle alors de réponses pathophysiologiques ou maladies d'altitude.

La condition hypoxique est produite par la diminution de la pression en oxygène (PO_2) qui réduit la capacité de diffusion de l'oxygène dans le sang et dans les tissus. Cette PO_2 est le produit de la fraction (concentration en %) de l'oxygène dans l'air (FO_2) et de la pression barométrique (Pb en mmHg):

$$PO_2 = FO_2 \times Pb$$

En montagne, PO_2 diminue du fait de la baisse de Pb alors que FO_2 demeure constante à 20,93 % ; par un « effet domino » (diminution de la pression en oxygène dans l'air inspiré puis au niveau des alvéoles pulmonaires et enfin dans le sang artériel ; **Figure 2**), le résultat est que l'hémoglobine n'est plus rechargée complètement en oxygène.

La diminution de PO_2 induit une baisse de la pression en oxygène au niveau des alvéoles pulmonaires (PiO_2) qui sont saturées en vapeur d'eau. La pression de la vapeur d'eau à ce niveau est de 47 mmHg.

La mesure du stress hypoxique au niveau des alvéoles pulmonaires est donc simple: la PiO_2 est égale à la fraction d'oxygène (FO_2) multipliée par la pression barométrique (Pb) de laquelle est soustraite la pression de la vapeur d'eau égale à 47 mmHg.

La formule permettant de calculer la PiO_2 est donc:

$$PiO_2\ (mmHg) = FO_2 \times (Pb - 47)$$

Altitude réelle ou altitude simulée

Une condition hypoxique du milieu environnant peut être créée de différentes façons ; soit par la diminution de la pression barométrique, soit par la diminution de la fraction (concentration) en O_2 :

1) En montagne : par la baisse naturelle de la pression barométrique, sans que change la concentration d'oxygène dans l'air ambiant qui est de 20.93 %. On parle d'altitude réelle ou « hypoxie hypobare » (HH).

2) Dans des conditions d'altitude créées artificiellement : par une diminution de la concentration d'oxygène dans des salles d'entraînement dites « chambres hypoxiques », provoquée soit par un apport en molécules d'azote (N_2) dans l'air, soit par une extraction de molécules d'oxygène de l'air ambiant. On parle alors d'altitude simulée ou « hypoxie normobare » (NH) car la pression barométrique n'est pas modifiée. Il existe de nombreux centres qui proposent cet environnement en Suisse romande (par exemple : Centre SportAltitude, Onex ; Hôpital de La Tour, Meyrin ; Clinique Romande de Réadaptation Suva, Sion ; MotionLab, Mont-sur-Lausanne) pour des sportifs ou des patients afin d'améliorer leur performance ou leur santé.

I.

Hypoxie et performance

Credit: unsplash/Philippe Schlaps

L'entraînement en altitude (ou entraînement hypoxique) est apparu avec les Jeux Olympiques de Mexico en 1968 et a depuis connu un intérêt grandissant, dans le but d'augmenter la performance au niveau de la mer (ou condition normoxique) et/ou pour permettre une acclimatation efficace en vue d'une compétition organisée en altitude (Tableau 2). L'utilisation de ce type d'entraînement est une composante importante du programme de préparation de toutes les nations performantes.

Tableau 2 - Récapitulatif historique des méthodes d'entraînement en altitude/hypoxie
(d'après Girard et al., 2017)

Méthode	Abrév.	Date	Sports
Vivre et s'entraîner en altitude	LHTH	1960s	Endurance
Interval-training en hypoxie	IHT	1960s	Endurance
Vivre en altitude et s'entraîner au niveau de la mer	LHTL	1997	Endurance
Renforcement musculaire en hypoxie	RTH	2000s	Puissance
Répétition de sprints en hypoxie	RSH	2013	Intermittent
Vivre en altitude et s'entraîner au niveau de la mer et en altitude	LHTLH	2015	Intermittent
Vivre en altitude et s'entraîner en altitude et au niveau de la mer	LHTHL	2015	Endurance

Ainsi, les deux premières nations des Jeux Olympiques de Rio en 2016, c'est-à-dire les États-Unis et la Grande-Bretagne, ont des programmes très élaborés d'entraînement en altitude pour de nombreux athlètes. En témoigne un sondage réalisé par Turner et al. (2019) auprès de 39 coureurs de moyenne et longue distances et 20 entraîneurs de l'équipe de Grande-Bretagne avant les Jeux Olympiques de Londres en 2012. La quasi-totalité des athlètes (98 %) et entraîneurs (95 %) ont déclaré s'être préparés en altitude, le plus souvent pendant 3-4 semaines à 1 500-2 500 m, et 75 % des coureurs ont qualifié de « très important » cet aspect de leur préparation.

Pendant longtemps, l'approche consistait uniquement à améliorer la consommation maximale d'oxygène (VO_{2max}), principalement via une augmentation de la capacité de transport de l'oxygène par les globules rouges et l'hémoglobine du sang (facteurs hématologiques). Pour ce faire, les athlètes doivent *vivre et s'entraîner en altitude* (*Live High-Train High*, LHTH) pendant plusieurs semaines. Dans les années 90, la méthode *vivre en altitude et s'entraîner au niveau de la mer* (*Live High-Train Low*, LHTL)[1] a été introduite. Celle-ci permet aux athlètes de bénéficier des effets d'une exposition chronique à l'altitude similaire à LHTH tout en maintenant une intensité d'entraînement élevée au niveau de la mer, lorsque certaines séances d'entraînement sont programmées (en plaine) à une altitude presque nulle.

Ces méthodes « traditionnelles » demeurent fréquemment utilisées dans les sports d'endurance, mais aussi dans les sports dits intermittents comme le football ou le tennis (par opposition aux sports d'endurance). Toutefois, l'émergence de nouvelles

1 Levine et Stray-Gundersen, 1997

technologies, c'est-à-dire les chambres hypoxiques normobares (réduction de la concentration d'O_2 dans l'air inspiré du fait d'une fraction inspirée en oxygène abaissée artificiellement alors que la pression barométrique ne change pas), dans des « hôtels en altitude », ou au sein de cliniques spécialisées, a popularisé la méthode LHTL. L'alternance des périodes de résidence en altitude simulée et d'entraînement dans des conditions d'oxygénation normale (normoxie) participe également à réduire plusieurs effets délétères d'une exposition chronique à l'altitude naturelle (ou hypoxie hypobare) tels que : diminution de l'excitabilité musculaire, perte de force, perte de masse musculaire, qui sont associés à la méthode LHTH. Les nombreux équipements d'altitude simulée maintenant disponibles ont surtout impulsé le développement de nouvelles méthodes d'entraînement dérivant de l'approche *vivre au niveau de la mer et s'entraîner en altitude* (*Live Low-Train High*, LLTH) à base d'exercices à haute intensité ou de musculation (**Tableau 2**). Aujourd'hui, le panorama des méthodes d'entraînement en altitude/hypoxie est plus vaste (**Figure 3**) et offre de nouvelles perspectives pour optimiser le développement des qualités « aérobie » et/ou « anaérobie » des athlètes.[2] L'activité physique d'intensité modérée est dite aérobie ; l'O_2 permet d'utiliser les sucres et les lipides comme source d'énergie. Une intensité sportive plus élevée – qui doit être courte – fait intervenir le système « anaérobie », dans lequel l'énergie est directement produite par la transformation des sucres ; les muscles produisent alors des produits métaboliques comme l'acide lactique.

Comme dit précédemment, l'intérêt pour le LHTH s'est accru au moment des J.O. de Mexico, et celui pour le LHTL depuis les années 1990, à la suite de la création d'équipements hypoxiques

2 Girard et al., 2017

mais aussi par la validation de l'efficacité de cette méthode par les scientifiques. Plus récemment, au début des années 2000, les physiologistes et entraîneurs ont cherché à développer des méthodes d'entraînement intermittent en hypoxie.

Figure 3 - Panorama des différentes méthodes hypoxiques *(d'après Girard et al., 2017)*

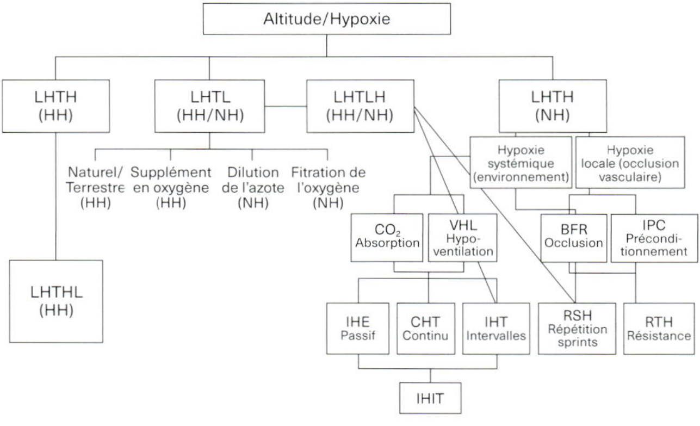

LHTH (Live High-Train High): vivre et s'entraîner en altitude; LHTL (Live High-Train Low): vivre en altitude et s'entraîner au niveau de la mer; LLTH (Live Low-Train High): vivre au niveau de la mer et s'entraîner en altitude; IHE (Intermittent Hypoxic Exposure at Rest): exposition passive intermittente en hypoxie; CHT (Continuous Hypoxic Training): entraînement continu en hypoxie; IHT (Intermittent Hypoxic Training): interval-training en hypoxie; RSH (Repeated Sprint in Hypoxia): répétition de sprints en hypoxie; RTH (Resistance Training in Hypoxia): renforcement musculaire en hypoxie; IHIT (Intermittent Hypoxia Interval-Training): interval-training en hypoxie intermittente; LHTLH (Live High-Train Low and High): vivre en altitude et s'entraîner au niveau de la mer et en altitude; LHTHL (Live High-Train High and Low): vivre en altitude et s'entraîner au niveau de la mer et en altitude; HH (Hypobaric Hypoxia): hypoxie hypobare ou altitude naturelle; NH (Normobaric Hypoxia): hypoxie normobare ou altitude simulée.

On différencie alors les formes passives d'exposition intermittente hypoxique au repos (*exposition intermittente hypoxique*, IHE) de celles actives où la totalité des séances d'entraînement est en hypoxie (*entraînement intermittent hypoxique*, IHT). Enfin, récemment, nous avons proposé à Lausanne des formes innovantes d'entraînement en hypoxie sous la forme de sprints répétés en hypoxie (RSH) puis la possibilité de combiner et d'optimiser les méthodes existantes: *vivre en haut et s'entraîner en bas et en haut* (*live high-train low and high*, LHTLH).

Des différences importantes existent entre toutes ces méthodes d'entraînement en altitude réelle ou simulée, mais toutes visent le même objectif: l'amélioration des performances sportives au niveau de la mer dans les jours ou semaines après le camp d'entraînement en altitude. En effet, des gains plus importants que ceux procurés par un entraînement identique

Tableau 3 - Récapitulatif historique des méthodes d'entraînement en altitud

Méthodes	Recommandations		
	Altitude minimale (m)	Altitude optimale (m)	Durée minimale
LHTH	1 800	2 200 - 2 500	12 jours
LHTL	2 200	2 800 - 3 000	12 jours (10h/jour
IHT	2 000	2 500 - 3 500	6 séances
RSH	2 500	3 000 - 4 000	4 séances
LHTLH	2 000	2 800 - 3 000	12 jours

LHTH = vivre et s'entraîner en altitude; LHTL = vivre en altitude et s'entraîner au niveau c hypoxie; LHTLH = vivre en altitude et s'entraîner au niveau de la mer et en altitude.

en normoxie sont très souvent constatés; on parle alors de « bénéfices additionnels » procurés par l'altitude.

Une amélioration de la qualité de l'entraînement – comme soutenir des intensités d'exercice plus élevées, réaliser un volume d'entraînement plus conséquent ou encore améliorer les qualités de récupération – lors de sessions planifiées pendant la période post-stage en altitude est un autre bénéfice recherché.

Enfin, l'entraînement en altitude est aussi fréquemment utilisé pour préparer une compétition se déroulant en altitude ou pour accélérer l'acclimatation des alpinistes avant les expéditions. Chaque méthode est unique et requiert une altitude et durée d'exposition optimales ainsi que des contenus (volume, intensité) d'entraînement adaptés (**Tableau 3**).

ypoxie

Durée optimale	Intensité d'entraînement	Sports
4 semaines	Aérobie + sprints	Endurance
4 semaines (>16h/jour)	Aérobie puis plus intense	Tous
3-4 semaines	2e seuil	Lactique - Endurance
Blocs de 8 séances	Sprints	Intermittents (sports coll./combat / raquette)
3 semaines	Aérobie + sprints	Intermittents (sports coll./combat / raquette)

mer; IHT = entraînement intermittent en hypoxie; RSH = répétition de sprints en

1. Je séjourne en altitude pour améliorer mon endurance

Historiquement, entre 1960 et le début des années 2010, l'entraînement en altitude était destiné exclusivement aux sportifs d'endurance. On parle de méthodes « traditionnelles ». Toujours d'actualité, celles-ci restent très efficaces pour les cyclistes, triathlètes, nageurs, coureurs à pied…

Vivre et s'entraîner en altitude (LHTH)

Cette méthode qui consiste à vivre et s'entraîner en altitude (*live high train high*, LHTH) est souvent utilisée pour s'acclimater avant une compétition à disputer en altitude. Cette méthode insiste sur de possibles bénéfices hématologiques, c'est-à-dire une augmentation de la masse en hémoglobine (Hb_{mass}), qui se traduit le plus souvent par une augmentation de la consommation maximale d'oxygène (VO_{2max}). Les camps d'entraînement LHTH efficaces requièrent généralement de résider en altitude pendant 3-4 semaines environ. Cette méthode est également utilisée dans les sports collectifs en période de « préparation foncière » pendant laquelle l'endurance de base est développée prioritairement pendant les quelques semaines précédant le début d'une compétition.

On pourrait penser que les effets d'un stage en altitude/hypoxie sur Hb_{mass}, le principal transporteur de l'oxygène dans le sang, dépendent du niveau initial de l'athlète: qu'un athlète d'élite présentant des valeurs de VO_{2max} et de Hb_{mass} déjà élevées ne pourrait pas augmenter ces paramètres suite à un entraînement en altitude, et qu'inversement, un niveau initial faible autoriserait des gains plus marqués. Toutefois, cette proposition est erronée car des gains importants ont été observés chez des athlètes d'endurance très entraînés ayant des valeurs initiales de Hb_{mass} élevées. Il est maintenant établi que même les sportifs d'élite dans les sports d'endurance peuvent bénéficier de 2-4 % d'amélioration de leur performance aérobie après un stage en altitude. Par ailleurs, les gains de performance en endurance résultant d'un entraînement LHTH sont étroitement liés à l'ampleur de l'augmentation en Hb_{mass}. Comme les joueurs de sports collectifs ont généralement des valeurs moyennes de Hb_{mass} et/ou de VO_{2max} plus faibles (VO_{2max}: 55-65 ml/kg/min) que les sportifs d'endurance (VO_{2max}: 75-90 ml/kg/min), il est légitime d'espérer une augmentation de Hb_{mass} encore plus importante (3-7 %) chez des joueurs de tennis ou des footballeurs que pour des coureurs de marathons après une intervention LHTH.

Un stage en altitude se décompose en trois phases distinctes: la phase d'acclimatation, la phase d'entraînement et la phase de préparation au retour en plaine.

3 Millet et al., 2019

Phase d'acclimatation

L'objectif recherché est une acclimatation progressive de l'athlète à la diminution de la pression inspirée en oxygène, provoquée par la baisse de la pression barométrique lorsque l'on monte en altitude. Cette phase est essentielle pour la réussite du stage car une fatigue trop importante, un entraînement trop intense ou une mauvaise récupération/hydratation seront très difficilement compensés ensuite. Aussi, l'intensité de l'entraînement sera modérée pour faciliter l'acclimatation des athlètes en altitude. Les athlètes sont de plus encouragés à augmenter leur temps de repos et à surveiller leur hydratation.

L'acclimatation dure généralement entre 7 et 10 jours. Toutefois, cette durée peut être écourtée pour des athlètes effectuant régulièrement des séjours en altitude, en particulier dans la période des 3 mois les précédents. Il faut comprendre que l'acclimatation ventilatoire est la clef de la réussite de cette phase primordiale.

Phase d'entraînement

La phase d'entraînement succède à la phase d'acclimatation. Elle dure entre 2 et 3 semaines. On recherche d'abord une augmentation progressive du volume d'entraînement, de façon à atteindre des niveaux similaires à ceux réalisés au niveau de la mer, puis on augmente progressivement l'intensité de l'entraînement.

D'importantes charges de travail peuvent être réalisées en altitude. Il est aussi recommandé d'effectuer en altitude des séquences de travail à intensité maximale (sprints, musculation) pour maintenir sa vitesse et son explosivité (c'est-à-dire la capacité à produire le maximum de force dans un temps le plus court possible comme sur des sprints ou des sauts); mais de réaliser les séances d'*interval-training* si possible à des altitudes plus basses.

Phase de préparation au retour en plaine

Cette phase de récupération dure entre 2 à 3 jours. Elle est ajustée en particulier si une compétition est prévue immédiatement après la redescente. Le but principal de cette phase est de permettre une récupération, même partielle, de la fatigue physiologique et mentale induite par la combinaison des stress causés par l'entraînement et par l'altitude.

Période post-altitude de retour en plaine

Une question essentielle concerne les délais à respecter entre la fin d'un stage en altitude et la compétition quand il s'agit de l'objectif principal du sportif. La question est alors de savoir quel est le meilleur moment pour planifier la compétition après un séjour en altitude, afin de bénéficier des adaptations physiologiques liées au camp d'entraînement tout en minimisant les effets néfastes de la fatigue. Trois périodes sont décrites – même si certains mécanismes restent encore à éclaircir:

1. Une première période «positive», comprise entre les jours 2 et 4 après le retour en plaine.

2. Une période «négative», où la probabilité de bonne performance est réduite. Selon les témoignages, elle se situe entre les 5-7es jours et les 12-14es jours du stage. Pendant cette période, le ré-établissement des intensités d'entraînement généralement utilisées au niveau de la mer est une priorité, avec des allures dites «spécifiques», c'est-à-dire proches de celles de compétition.

3. Une troisième période constitue la principale période « positive » et se situe entre les jours 14 et 22 à 28. Il s'agit d'un plateau pendant lequel la forme physique est stabilisée. En général, on programme la compétition majeure pendant cette période.

Vivre en altitude et s'entraîner au niveau de la mer (LHTL)

Cette méthode permet d'associer à la stimulation hypoxique – on dort et on vit en altitude – un entraînement plus qualitatif, puisqu'effectué à des altitudes plus basses (idéalement entre 800 et 1 200 m; **Tableau 3**). Ceci permet le maintien des intensités normales d'entraînement, contrairement à la méthode LHTH où l'athlète doit faire face à une baisse de la saturation artérielle et de VO_{2max} lors des sessions d'entraînement. L'intérêt de la méthode LHTL est donc de bénéficier des effets physiologiques de l'hypoxie pendant les périodes passives en altitude (vie, repos, nuits) tout en conservant une intensité entraînement élevée, du fait du flux sanguin maximal maintenu, afin d'envisager un développement des qualités de force/vitesse et neuromusculaires. Au total, le LHTL est davantage utile dans les périodes précompétitives que lors des périodes « foncières » qui permettent d'assurer des bases solides, notamment en endurance, pour le reste de la saison.

Depuis la fin des années 90,[4] cette méthode LHTL est présentée comme la méthode de référence dans les sports

4 Levine et Stray-Gundersen, 1997

d'endurance, mais elle est également de plus en plus utilisée en sports collectifs.

Une stimulation hypoxique artificielle (chambres hypoxiques normobares) semble plus particulièrement appropriée aux sports collectifs utilisant le LHTL. Celle-ci offre la possibilité de surmonter les problèmes liés aux contraintes géographiques en restant sur le même site de résidence et d'entraînement, tout en individualisant la dose hypoxique et les contenus d'entraînement (en fonction des caractéristiques individuelles des joueurs et de leur poste de jeu). On recommande une exposition de plus de 14 heures par jour sur une période minimum de 2 semaines. En général, l'augmentation de la masse en hémoglobine (Hb_{mass}) est de ~ 1 % pour 100 heures d'exposition en altitude/hypoxie, quel que soit le type d'exposition : LHTH (2200-2500 m) ou LHTL (2500-300 m). En sports collectifs (football, rugby...), un camp LHTL de 2 semaines est efficace pour améliorer les qualités aérobies, et ce dans des conditions « réalistes » d'une préparation d'avant-saison, en comparaison avec un camp classique LHTH de 3-4 semaines.

On recherche principalement une amélioration de la capacité de transport de l'oxygène, objectivée par une augmentation de Hb_{mass} dans les globules rouges. Ceci impacte essentiellement la consommation maximale d'oxygène et la performance en endurance. Les mécanismes de production des globules rouges (érythropoïèse) et de son augmentation (polyglobulie) associés aux deux méthodes traditionnelles d'entraînement en altitude pour les sportifs d'endurance sont décrits dans la **figure 4**.

Figure 4 - Mécanisme de polyglobulie en altitude
(d'après Girard et al., 2017)

La consommation maximale en oxygène (VO_{2max}) est la quantité d'oxygène qu'un organisme consomme lors d'un effort aérobie intense. Plus ce volume est important, plus le sportif sera performant. On peut augmenter le VO_{2max} en produisant plus de globules rouges (polyglobulie) en s'entraînant en altitude.

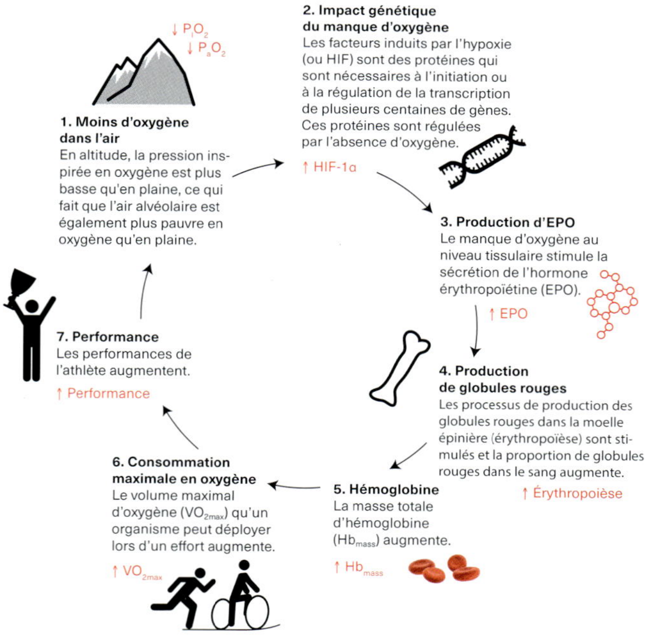

Pion: Pression inspirée en oxygène; PaO_2: Pression artérielle en oxygène; HIF-1α: Hypoxia-inducible Factor 1α; EPO: érythropoïétine; Hb_{mass}: masse totale en hémoglobine; VO_{2max}: consommation maximale en oxygène.

Le saviez-vous ?

L'érythropoïétine, plus connue du grand public sous le nom d'EPO, est une hormone produite par le rein qui stimule l'érythropoïèse, c'est-à-dire une augmentation du nombre de globules rouges dans le sang. C'est pourquoi l'injection d'EPO ou de ses dérivés a des effets dits « dopants », soit bénéfiques pour la performance en endurance mais potentiellement dangereux, qu'il ne faut pas confondre avec les effets naturels et inoffensifs obtenus par une exposition hypoxique chronique.

Le tableau 4 présente les principales recommandations quant aux pratiques à éviter lors d'un stage en altitude.[5] Les effets combinés des stress liés à l'entraînement et à l'altitude rendent l'athlète plus vulnérable (fatigue, infection...), en particulier pendant la phase d'acclimatation.

Tableau 4 - Principales recommandations pour optimiser un stage en altitude
(d'après Constantini et al., 2017)

Considérations	Recommandations
Avant le stage en altitude	Santé / blessures : Il n'est pas recommandé de « monter en altitude ». Le stress hypoxique peut exacerber les infections et inflammations. La maladie peut bloquer les adaptations sanguines (polyglobulie). Métabolisme du fer : la concentration en ferritine doit être supérieure à 100 ng/ml. Sinon supplémenter en fer par voie orale au moins 6 semaines avant le stage.

5 Constantini et al., 2017

Tableau 4 - Principales recommandations pour optimiser un stage en altitude – suite
(d'après Constantini et al., 2017)

Considérations	Recommandations
Vivre en altitude	Altitude optimale: 2200-2500 m pour améliorer le transport de l'oxygène. Altitude > 3000 m: risques trop importants de sommeil /récupération altérés.
S'entraîner en altitude	Pour le LHTL: une altitude de 1200 m semble suffisamment basse pour permettre un entraînement de qualité et optimiser les adaptations.
Première partie du séjour en altitude (phase d'acclimatation)	Risque de sommeil perturbé et de déshydratation. Nécessité d'ajuster le programme d'entraînement. Hyperventilation.
Contenu d'entraînement	Un gros volume à basse intensité est recherché en altitude. Le travail « au seuil » et sous forme d'interval-training doit être effectué plus bas. Éviter le travail « lactique ». Risque accru de surentraînement.
Quelle durée en altitude?	Un minimum de 21 jours est recommandé pour les adaptations hématologiques. Néanmoins une succession de séjours plus courts (12-14 jours) est aussi envisageable. La capacité de transport de l'oxygène (masse en hémoglobine) augmente de 1 % toutes les 100 heures d'exposition entre 2200 et 2500 m avec un plateau observé après 4 semaines.
Quand revenir en plaine avant une compétition?	Deux fenêtres sont généralement favorables pour la performance: les premières 48-72 heures, ou après 14 jours (généralement entre 17 et 23 jours). Peut varier d'un athlète à l'autre. Le plus simple est de tester les réponses de l'athlète après un stage préalable.

2.
Je bouge avec des exercices intenses en altitude pour mieux résister à la fatigue

L'entraînement par répétition de sprints en hypoxie (RSH)

Au début des années 2000, une étude pionnière[6] a montré que l'exercice à haute intensité en hypoxie entraîne des adaptations musculaires spécifiques, dont une augmentation :

- du nombre de capillaires par fibre musculaire,
- de la densité mitochondriale,
- de la concentration en myoglobine,
- de l'activité oxydative enzymatique.

Curieusement, ces adaptations ne sont pas observées à basse intensité à une altitude identique ou en condition normoxique. Forte de ce constat, notre équipe à l'Institut des Sciences du Sport de l'Université de Lausanne (ISSUL) a développé la méthode d'entraînement de répétition de sprints en hypoxie (*repeated sprints training in hypoxia*, RSH).

6 Hoppeler et Vogt, 2001

Elle consiste à effectuer des efforts maximaux de courte durée (≤ 30 secondes) en hypoxie, entrecoupés de phases de récupération incomplète.[7] Une différence fondamentale avec l'entraînement par intervalles, où l'intensité demeure sous-maximale, réside dans les efforts maximaux requis par le RSH, qui sollicite un recrutement très élevé des fibres musculaires dites rapides. Rappelons que la performance d'un sprint unique est préservée jusqu'à des altitudes même supérieures à celles du toit de l'Europe, à 5000 m.[8] À l'inverse, lors de sprints répétés en hypoxie, la puissance produite diminue et il y a une forte influence du ratio exercice/récupération qui détermine pour beaucoup la contribution oxydative *versus* glycolytique des séries de RSH.

Le saviez-vous ?

La contraction musculaire est associée à la consommation d'ATP dont le renouvellement est assuré par le métabolisme aérobie (activité d'intensité modérée de longue durée ; plusieurs heures d'effort) et la glycolyse anaérobie (activité courte et intense ; quelques secondes à plusieurs minutes). Les fibres musculaires de types I (lentes) et II (rapides) sont, respectivement, spécialisées dans le métabolisme aérobie (faible puissance mais forte capacité) et la glycolyse anaérobie (forte puissance mais faible capacité).

7 Faiss et al., 2013
8 Girard et al., 2017

Effets du RSH sur la performance physique

On se fatigue moins rapidement après des séances de sprints répétés selon la méthode RSH qu'après le même entraînement en normoxie (RSN). À ce jour, la plupart des 25 études RSH disponibles ont testé des joueurs de sports collectifs sur leur capacité à répéter des sprints – ce qui représente un aspect primordial de leur performance physique. Chez des joueurs de rugby par exemple, le RSH conduit à un gain additionnel de 19 % lors d'un test de course sur tapis roulant non motorisé, comparativement au RSN. Toujours plus étonnant, chez les joueurs de rugby gallois préparant le tournoi des Six Nations en 2015, quatre séances RSH seulement *versus* RSN sur les membres inférieurs ou supérieurs, pendant deux semaines, ont amélioré plus nettement leur capacité à répéter des efforts intenses.[9] Des résultats similaires ont aussi été notés chez de jeunes footballeurs, réalisant des navettes aller-retour sur une distance de seulement 5 mètres dans une chambre hypoxique programmée à 3000 m plutôt qu'au niveau de la mer. D'autres résultats probants existent, notamment une vitesse plus élevée et un temps de sprints diminué lors d'un test de 10 sprints répétés de 30 m, après 5 semaines de RSH chez des footballeurs juniors. Une méta-analyse de 2017[10] incluant 9 études souligne qu'il ne fait guère de doute que le RSH, comparativement au RSN, améliore plus largement la capacité à répéter des sprints alors que les effets sur la VO_{2max} ne sont pas aussi clairs. Il est toutefois difficile, voire impossible, de quantifier précisément l'impact du RSH sur le résultat final d'un match ou d'une compétition.

9 Beard et al., 2019
10 Brocherie et al., 2017

Le RSH fait état d'une efficacité inégalée dans le champ des méthodes d'entraînement en altitude, avec pas moins de 90 % des 25 études publiées montrant un bénéfice additionnel suite à un entraînement de sprints répétés en hypoxie.[11] Pratiquement, cette modalité d'entraînement permet de retarder le développement de la fatigue lors de courses accélérées et/ou efforts intenses répétés. Toutefois, les bénéfices du RSH ne se limitent pas aux sports collectifs, puisque des effets positifs ont également été rapportés dans les sports d'endurance (cyclisme, course à pied, ski), de raquette (tennis) ou de combat (jiu-jitsu). Plusieurs études soulignent ainsi l'amélioration de la capacité à réaliser un plus grand nombre d'actions à intensité maximale avant épuisement après une période de RSH. Chez des skieurs de fond élites, une amélioration moyenne de 57 % du nombre de sprints répétés sur un ergomètre spécifique de « double-poussée » est observée après seulement 6 séances de RSH en 2 semaines, sans changements avec le RSN. Au tennis, une étude de cas a montré une amélioration de la performance physique et du classement du joueur suite à la réalisation de 6 séances RSH en 14 jours.[12] Les gains observés étaient visibles après seulement 3 semaines de protocole, suggérant qu'un temps est nécessaire afin d'absorber la charge de travail et la fatigue générée. Toutefois, l'efficacité de ces programmes d'entraînement demeure largement individuelle et dépend notamment de la nature du sport et des caractéristiques propres des athlètes : style de jeu au tennis, poste sur le terrain au rugby… Même s'il reste difficile de formuler des recommandations strictes, des suggestions pratiques afin de structurer une séance RSH et basées sur

11 Millet et al., 2019
12 Brechbuhl et al., 2018

l'état actuel de nos connaissances sont présentées dans l'Encadré 1. Plus de 50 ans après les premiers écrits sur l'efficacité de l'entraînement en altitude et le développement de centre prestigieux partout dans le monde et notamment en Suisse, comme Saint-Moritz ou Crans-Montana, le RSH apparaît comme un modèle d'entraînement en altitude déjà très populaire jouissant d'une efficacité inégalée.

Encadré 1 - Recommandations pratiques pour la méthode de répétitions de sprints en hypoxie (RSH)

Exemples de séances :

Séance adaptée aux sports d'endurance (altitude 2500 – 3500 m) :

1) 3-4 séries de 5-6 sprints de 10 s avec 20 s de repos entre les répétitions et 4 min de repos entre les séries.
2) Circuit-training en 15 s - 15 s pendant 2-3 séquences de 12-15 min.

Séance adaptée aux sports collectifs (altitude 3000-5000 m) :

1) 4-5 séries de 6 sprints de 6 s avec 24 s de repos entre les répétitions et 4 min de repos entre les séries.
2) 4-6 séries de 8 sprints de 5 s avec 30 s de repos entre les répétitions et 4 min de repos entre les séries.
3) Exercices de force (par exemple, squat) suivis de pliométrie dynamique (6 s).

Pourquoi le RSH est-il efficace ?

Le RSH représente assurément un modèle d'entraînement prometteur et bien toléré,[13] quoique ses mécanismes d'action sous-jacents demeurent partiellement hypothétiques (Figure 5).

13 Brocherie et al., 2017

Tout d'abord, le RSH trouverait son efficacité grâce à une alimentation améliorée des muscles en sang (« perfusion ») qui, à son tour, bénéficierait d'une extraction optimisée de l'O_2 par les fibres musculaires rapides. En effet, ces dernières seraient recrutées de manière préférentielle durant les sprints d'un entraînement RSH et ajusteraient une plus grande demande énergétique avec une plus grande extraction d'O_2 que les fibres lentes lorsque la disponibilité en O_2 diminue dans le muscle. De ce fait, la RSH induirait des adaptations musculaires bénéfiques en améliorant la perfusion musculaire, l'oxygénation musculaire et l'utilisation de l'O_2 par les fibres rapides.

Avec des efforts maximaux et répétés en hypoxie se développent des adaptations spécifiques quant à la taille du tissu

Figure 5 - Mécanismes physiologiques de l'entraînement par répétition de sprints en hypoxie

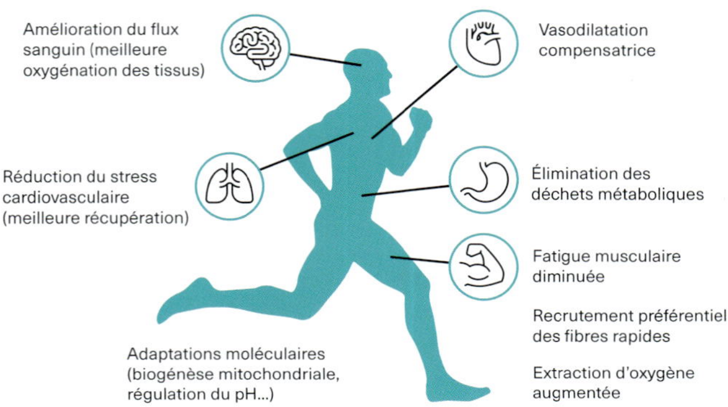

musculaire, le contenu en myoglobine transportant l'O_2 ou l'activité des enzymes oxydatives – qui n'auraient pas lieu en normoxie ou à un niveau proche de celui de la mer. Ainsi, les études RSH incluant des biopsies musculaires ont observé une meilleure « capacité tampon » limitant la baisse du pH et donc l'acidose ainsi qu'une augmentation du transport de l'O_2 dans les cellules, au niveau des « centrales énergétiques » que sont les mitochondries. En hypoxie, l'oxygénation cérébrale diminue au cours d'un exercice intense en lien avec la diminution de la capacité de travail. Toutefois, on sait qu'un protocole de 12 sessions de RSH comprenant chacune 10 sprints de 6 secondes préserve l'oxygénation cérébrale, afin de maintenir la commande nerveuse centrale durant l'effort, contribuant ainsi à améliorer la capacité de travail.

Le saviez-vous ?

L'acide lactique ou lactate (forme ionisée de l'acide lactique) est produit essentiellement par les muscles, la peau et les globules rouges, surtout en situation de privation d'oxygène lors de la glycolyse. Une accumulation excessive de lactate dans le sang entraîne une acidose lactique. La lactatémie, concentration plasmatique de lactate, résulte d'un déséquilibre entre sa production et son élimination.

Enfin, l'hypoxie provoque une vasodilatation compensatrice ou élargissement des vaisseaux sanguins (dont l'amplitude dépend de l'intensité de l'exercice) qui serait l'élément clé orchestrant les bénéfices associés au RSH. Les fibres rapides ont une meilleure capacité d'extraction de l'O_2 pour mieux exploiter les faibles niveaux d'O_2. Lorsque l'intensité d'effort est importante, les fibres rapides sont recrutées prioritairement et bénéficient d'une meilleure alimentation sanguine suite à cette vasodilatation accrue. En poussant à la limite la réserve fonctionnelle de la capacité de diffusion de l'O_2 dans les muscles, le RSH aurait le potentiel de stimuler une meilleure resynthèse de la phosphocréatine et une utilisation plus efficace de l'O_2 à l'échelle musculaire.[14] Néanmoins, de nouvelles recherches restent nécessaires afin de confirmer ces mécanismes.

En résumé

La méthode d'entraînement RSH permet de maximiser la résistance à la fatigue lors d'efforts maximaux répétés. Les recommandations suivantes peuvent être formulées: 3-4 séries de 4-7 répétitions de sprints à vitesse maximale d'une durée de 5-15 secondes, alternées avec des récupérations passives de plus 30 secondes réalisées à ~3000 m d'altitude (**Encadré 1** et **Tableau 5**). Le RSH devra être planifié durant une période spécifique de développement, par exemple en pré-saison, ou à l'approche d'échéances compétitives importantes. De plus, coupler cette méthode à des actions de haute intensité spécifiques, comme des courses navettes avec changements de direction au tennis, permettrait d'optimiser les bénéfices du RSH sur le comportement du joueur en compétition. Finalement, le choix du mode d'exercice (vélo, tapis roulant, course réelle) se fera en fonction des spécificités du sport ciblé et/ou des effets escomptés.

14 Faiss et al., 2013

Tableau 5 - Recommandations générales pour la méthode de répétitions de sprints en hypoxie (RSH)

Fréquence	**2-3 séances par semaine**
Périodisation	Blocs de 2-5 semaines
Durée	~60 minutes (incluant échauffement et retour au calme)
Modalité	Spécifique à l'activité (course sur tapis, vélo, double-poussée en ski de fond, ...)
Intensité	Exercice = maximal, supra-maximal, « *all-out* » efforts Récupération entre les répétitions = passive et active à intensité lente à modérée (~50 % fréquence cardiaque maximale) Récupération entre les séries = passive
Intervalles de temps	Exercice = 3-5 séries de 4-8 × 4-15-s intervalles Récupération entre les sprints ≤ 30 s Ratio exercice : récupération = 1:2 à 1:6 Récupération entre les séries = 3- 5 minutes

3.
Je modifie ma respiration pour simuler l'altitude

De manière plus inattendue, il est également possible d'atteindre un niveau de désaturation artérielle en oxygène important pendant l'exercice tout en restant dans un environnement normoxique. Ceci est possible en réduisant volontairement sa fréquence respiratoire et en maintenant sa respiration (temps d'apnée) à de bas volumes pulmonaires. Ainsi, on peut considérer qu'utiliser cette technique respiratoire pendant l'entraînement représente une modalité originale d'entraînement par intervalles, bien qu'elle induise une élévation du CO_2 dans le sang (= hypercapnie). Cependant, s'entraîner de cette façon ne modifie pas les paramètres hématologiques ou la performance aérobie. En même temps, une hausse du pH et des ions bicarbonates (HCO_3-) à une intensité sévère a été observée, reflétant ainsi un possible retard dans l'acidose, témoin d'une amélioration du pouvoir tampon. De plus, la vitesse maximale anaérobie était améliorée de 0,5 km/h chez 85 % des sujets et était corrélée avec les changements de HCO_3- à l'exercice sous-maximal. Enfin, l'efficacité potentielle de cette méthode est appuyée par l'observation d'une désoxygénation musculaire et d'un taux de lactate dans le sang (ou lactatémie) plus prononcées après une série en hypoventilation volontaire.[15] Ainsi, ces résultats suggèrent que cette méthode d'hypoventilation volontaire serait principalement avantageuse pour la performance anaérobie.

Le saviez-vous?

Les ions bicarbonates (HCO_{3-}) sont présents dans le sang: ils jouent un rôle majeur dans la régulation du pH. Ils constituent le principal «tampon» de l'organisme. Les ions bicarbonates sont basiques: lorsque leur concentration augmente, le pH augmente aussi. À l'inverse, lorsque leur concentration diminue, le pH diminue et l'organisme s'acidifie.

Hypoventilation à bas volume pulmonaire

À l'origine, l'entraînement par blocage respiratoire est une méthode d'entraînement apparue chez les nageurs dans les années 1970 afin de réduire la disponibilité en O_2 et ainsi stimuler la «filière anaérobie» , améliorant la performance physique lors des efforts dits «lactiques», c'est-à-dire entre 30 secondes et 2 minutes, comme le 400 mètres en athlétisme ou le 200 mètres en natation. Plus récemment, une approche innovante à base de blocages respiratoires volontaires à bas volume pulmonaire à l'exercice a été introduite (*voluntary hypoventilation at low lung volume*, VHL). Elle se découpe en trois phases: une inspiration, une expiration et un blocage

15 Woorons et al., 2010

respiratoire réalisé à bas volume pulmonaire (c'est-à-dire jusqu'à la capacité résiduelle fonctionnelle) (**Figure 6**). Cette dernière représente environ la moitié de la capacité pulmonaire totale au repos, et près d'un tiers à l'exercice. L'hypoventilation à haute intensité d'exercice consiste à répéter des sprints en bloquant sa respiration à bas volume pulmonaire (RSH-VHL).[16] Comparativement à une situation contrôle, il n'existe pas de différences en termes de puissances pics et moyennes développées durant une exposition VHL aiguë (2 séries de 8 répétitions de type 6 s de sprint – 24 s de récupération). Cette observation est importante car maintenir la qualité de l'entraînement (puissance produite) et

Figure 6 - Les trois étapes d'hypoventilation à bas volume pulmonaire
(d'après Woorons, 2014)

L'entraînement par hypoventilation consiste à alterner les périodes d'efforts à respiration normale avec des périodes d'efforts à respiration réduite, et en bloquant la respiration après une expiration normale.

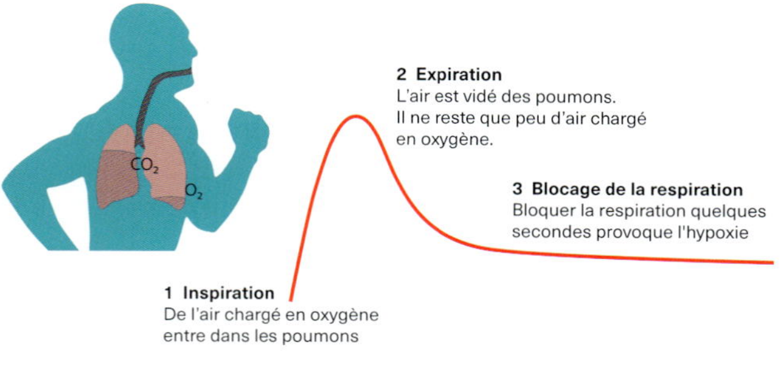

16 Woorons et al., 2017

de la perception de l'effort (échelle de 6 à 20, dite Échelle de Borg) tout en créant un stress physiologique supplémentaire est le compromis recherché. La RSH-VHL est facilement applicable sur le terrain par les préparateurs physiques car elle ne requiert aucun matériel spécifique. Seule une maîtrise de la technique de blocage respiratoire à bas volume pulmonaire est nécessaire (**Encadré 2**).

Quels bénéfices avec l'hypoventilation ?

Après six sessions d'entraînement de RSH-VHL chez des nageurs compétitifs (2 séries de 16 sprints sur 15 m - 30 s de récupération), une amélioration de 35 % en moyenne de la performance de type sprints répétés est observée pour le groupe RSH-VHL chez les nageurs,[17] similaire aux résultats retrouvés en RSH chez des cyclistes (+38 %) et chez des skieurs de fond (+58 %).[18] Plus récemment, une étude a établi les effets du RSH-VHL sur la capacité à répéter des sprints en course chez des joueurs de rugby à XV très entraînés. Les principaux résultats ont mis en avant une diminution de la saturation artérielle en SpO_2 (estimation de la quantité d'oxygène dans le sang), en réponse à l'exercice aigu de répétition de sprints de 40 mètres avec 30 secondes de récupération, couplée à l'hypoventilation à bas volume pulmonaire. Également, une amélioration moyenne de +64 % du nombre de sprints répétés jusqu'à la fatigue a été observée après sept séances d'entraînement pour les joueurs du groupe RSH-VHL.[19]

17 Trincat et al., 2017
18 Faiss et al., 2013 et 2015
19 Fornasier-Santos et al., 2018

Encadré 2 - Recommandations pratiques pour la méthode de répétitions de sprints en hypoxie par hypoventilation (RSH-VHL) *(d'après Woorons, 2014)*

Exemples de séances:

L'exercice couplé à une expiration prolongée jusqu'au volume résiduel permet d'obtenir une hypoxémie et une augmentation de la pression artérielle en dioxyde de carbone (effet hypercapnique).

Pour obtenir une diminution significative de SpO_2 sans être dans un environnement hypoxique, il faut que l'hypoventilation volontaire soit réalisée à bas volume pulmonaire proche de la capacité résiduelle fonctionnelle ou de la réserve ventilatoire.

Concrètement

1. Inspirez: Inspirer environ 3 secondes avant le début de l'effort.
2. Expirez: Expirer l'air des poumons jusqu'à l'atteinte de bas niveau d'oxygénation sans toutefois atteindre des niveaux extrêmes, c'est-à-dire ne pas utiliser les muscles expiratoires de manière intensive.
3. Bloquez: Retenir sa respiration à bas volume pulmonaire 1 seconde avant le début de l'effort et maintenir une apnée pendant la durée de l'effort (durée à ajuster selon la capacité des athlètes).

Reprendre sa respiration dès l'arrêt de l'effort et renouveler la procédure pour l'effort suivant.

Pratiquement, deux ou trois séries de sprints répétés incluant 5-8 répétitions de 4-6 secondes avec 20-30 secondes de récupération entre les répétitions et 3-5 minutes entre les séries.

Physiologiquement, cette technique de blocage respiratoire induit une diminution des réserves alvéolaires en oxygène et conduit à une plus grande inégalité dans le ratio ventilation/perfusion, entraînant par conséquent une différence alvéolaire-artérielle en oxygène plus large et une désaturation artérielle en oxygène sévère (<88 %).

La RSH-VHL induit une désaturation artérielle et une désoxygénation musculaire durant l'exercice[20] amenant à un état hypoxique similaire à celui obtenu à des altitudes supérieures à 2000 mètres. Toutefois, de fortes disparités existent: une étude[20] rapporte 5,1 % du temps d'entraînement du groupe RSH-VHL passé à une hypoxémie sévère (une diminution anormale de la quantité d'oxygène contenue dans le sang; SpO_2 < 88 %) alors qu'une autre[21] mentionne une durée d'hypoxémie sévère plus importante de 12 % du temps d'entraînement. Outre le fait que le RSH-VHL majore la désoxygénation musculaire pendant les sprints, la consommation d'O_2 durant les périodes de récupération suivant les sprints est aussi augmentée. La forte corrélation entre l'augmentation du nombre de sprints réalisés et la lactatémie maximale pour le groupe RSH-VHL, est un témoin indirect de l'amélioration de la transformation du glucose en énergie anaérobie (ou glycolyse anaérobie).[21] La répétition du phénomène hypercapnique (augmentation de la pression artérielle en CO_2) avec le RSH-VHL permettrait une meilleure capacité tampon au niveau musculaire conduisant à une meilleure régulation du pH, et confirmerait ainsi les adaptations physiologiques mises en évidence avec le RSH.

20 Woorons et al., 2017
21 Trincat et al., 2017

4.
Je fais de la musculation en altitude pour améliorer ma force/puissance

Renforcement musculaire en hypoxie

L'entraînement de la force représente un aspect incontournable de la préparation physique des sportifs visant l'amélioration de la performance et une meilleure prévention des blessures. De même, l'impact positif d'un programme d'entraînement de la force chez les populations vieillissantes n'est plus à démontrer.

L'une des principales conséquences du vieillissement est la sarcopénie, qui correspond à la diminution lente et progressive de la masse musculaire lors de l'avancée en âge. L'exposition passive à l'hypoxie (plusieurs minutes à plusieurs heures), que ce soit de manière intermittente ou continue, n'est pas suffisante pour améliorer la capacité de production de force. En revanche, un entraînement en résistance réalisé en situation de privation partielle d'O_2 dans le sang et les tissus, connu comme « renforcement musculaire en hypoxie » (*resistance training in hypoxia*, RTH), produirait des effets positifs. En effet, cette pratique pourrait augmenter le stress métabolique (c'est-à-dire une dépendance au métabolisme anaérobie) et par conséquent la masse musculaire comparativement à un entraînement sans exposition hypoxique.[22]

Historiquement, l'hypoxie lors de séances en résistance a d'abord été obtenue à l'aide de méthodes d'occlusion du flux sanguin, via l'utilisation d'équipement «*Kaatsu*». L'utilisation de l'hypoxie systémique, c'est-à-dire respirer un mélange d'air partiellement dépourvu en O_2, connaît un essor grandissant pour éventuellement maximiser les gains de force.

Effet du renforcement musculaire en hypoxie sur la force

Un entraînement RTH à environ 4000 mètres d'altitude conduit à faible intensité pendant 4 semaines amène à des gains de force maximale qui ne sont pas supérieurs au même entraînement réalisé au niveau de la mer (6 séries de 25 répétitions à 30% d'une charge maximale ou «répétition maximale» RM).[23] En revanche, un entraînement RTH à haute intensité de 6 semaines (4 séries de 10 répétitions à 70% d'1 RM sur le fléchisseur et l'extenseur du coude du bras non dominant, avec une récupération entre les séries de 60 s) induit des gains de volume (hypertrophie) et de force musculaire plus rapides et supérieurs. Dans une étude ayant recruté 30 joueuses de netball – activité proche du basketball – le RTH améliorait non seulement la force maximale et l'hypertrophie musculaire, mais induisait également de meilleurs temps lors de sprints de 5 et 10 mètres (5 semaines d'entraînement des

22 Scott et al., 2014
23 Friedmann et al., 2003

muscles extenseurs et fléchisseurs du genou à 20 % d'1 RM produisant une SpO_2 de ~80 %). De manière remarquable, aucun changement n'a été observé chez les joueuses ayant suivi le même entraînement au niveau de la mer.[24]

Considérations méthodologiques sur la musculation en hypoxie

L'état actuel de la recherche concernant l'efficacité du RTH est contrasté.[25] Ces résultats contradictoires pourraient en partie être expliqués par des différences méthodologiques importantes entre les études disponibles à ce jour : nature des programmes de renforcement musculaire, profil des participants, sévérité de l'hypoxie... En particulier, les durées des périodes de récupération entre les séries varient largement, allant de 30 secondes jusqu'à 3 minutes, ce qui pourrait expliquer les différences d'efficacité du RTH. L'exposition hypoxique augmente la dépendance au métabolisme anaérobie pendant l'exercice, et potentiellement l'expression de marqueurs du stress métabolique. Par ailleurs, l'hypoxie ralentit, mais ne stoppe pas, la resynthèse de la phosphocréatine suite à la réalisation de contractions musculaires répétées. Concrètement, si l'exercice est structuré avec des périodes de récupération allongées, alors davantage de temps sera disponible afin d'éliminer les métabolites d'effort (comme l'acide lactique qui produit la sensation de brûlure) et resynthétiser les stocks de phosphocréatine. En revanche, le niveau de stress métabolique atteint sera alors minimisé par rapport à des durées plus courtes et se rapprochera de

24 Manimmanakorn et al., 2013
25 Scott et al., 2014

celui de la condition normoxique. En considérant ces facteurs et l'importance du stress métabolique afin d'obtenir une hypertrophie musculaire, il est vraisemblable que seules des périodes de récupération relativement courtes permettent de conférer au RTH un avantage par rapport à un entraînement comparable en normoxie. Nous alertons ici le lecteur que l'amélioration de la force maximale obtenue avec le RTH ne se traduit pas automatiquement par des actions sur le terrain plus efficaces (vitesse de sprint, hauteur de saut). Si les questions de transfert des gains de force dans l'activité pratiquée se posent légitimement, notons que les effets d'un renforcement musculaire basé essentiellement sur l'amélioration de la force explosive (production rapide de force musculaire) sont pour l'heure inconnus.

Il est clair que le RTH sollicite de manière plus marquée le métabolisme anaérobie pour la fourniture de l'énergie, comme en attestent des valeurs de lactatémie et consommation d'O_2 souvent majorées par rapport à une situation contrôle. Toutefois, cette observation serait uniquement vérifiée pour une exposition hypoxique sévère mais pas modérée. Reste aujourd'hui à établir la relation dose-réponse concernant l'effet de la sévérité de l'hypoxie lors d'un programme de renforcement musculaire sur la réponse hypertrophique et l'augmentation de la capacité de production de force. À ce jour, seuls des programmes d'entraînement de durée allant de 4 à 8 semaines et incluant 2 à 3 séances par semaine (entre 10 et 24 sessions) ont été évalués. De fortes disparités existent entre ces programmes, notamment en termes de volume d'entraînement: les charges (20 à 80 % d'1 RM), le nombre de séries/répétitions réalisées (2 à 6 séries incluant 3-36 répétitions ou jusqu'à épuisement), la nature des exercices proposés (membres supérieurs et/ou inférieurs sur des exercices de type squat ou développé coucher, circuit training) varient fortement entre les études.

D'un point de vue pratique, notons aussi que l'exposition hypoxique peut ou non affecter la performance lors d'une session de renforcement musculaire sollicitant des charges lourdes. Pour illustrer, 5 séries de 5 répétitions à 80 % d'1 RM avec 3 minutes de repos entre les séries en hypoxie *versus* normoxie n'induisent pas de fatigue importante pendant la session d'entraînement. En revanche, sous exposition hypoxique, 3 séries de 3 exercices permettant de soulever une charge maximale 6 fois, avec seulement 35 secondes de repos entre les exercices et 3 minutes entre les séries, altèrent la performance sur des mouvements de squats ou de développé-couché. Dans tous les cas, les exercices réalisés à charges faibles (20-40 % d'1 RM) et impliquant une masse musculaire plus importante seront plus sensibles aux effets de l'hypoxie.

Musculation en hypoxie : comment ça marche ?

Il existe de nombreux mécanismes potentiels liés aux adaptations hypertrophiques susceptibles d'être maximisés, si le protocole de renforcement musculaire est structuré de manière adéquate (voir section précédente) :

1) un recrutement préférentiel ou additionnel des fibres rapides ;

2) une acidose métabolique, du fait de l'accumulation d'ions H_+ et de la stimulation des métabo-récepteurs qui induisent une réponse hormonale systémique aiguë ;

3) des différences dans les mécanismes contractiles et une déformation du sarcolemme, induites par les pressions externes, qui vont augmenter l'expression d'hormones de croissance;

4) des adaptations métaboliques à la filière anaérobie qui résulte de la défaillance de la distribution d'oxygène;

5) une production des radicaux libres dérivés de l'oxygène (*reactive oxygen species* ou ROS) qui stimule l'accroissement de la taille des tissus;

6) un gonflement intracellulaire et un étirement des structures du cytosquelette favorisant l'accroissement de la taille des tissus.

L'hypoxie systémique pourrait vraisemblablement, via l'augmentation du stress métabolique et une augmentation du recrutement de fibres de type 2, amplifier la réponse hypertrophique en réponse à un protocole RTH. La piste principale pour comprendre les adaptations morphologiques dérivées du RTH est en lien avec une diminution de l'apport sanguin, partielle et locale, au niveau des muscles impliqués dans l'exercice. Cette « ischémie » serait à l'origine des changements métaboliques qui favorisent ou stimulent essentiellement le métabolisme anaérobie lactique au fur et à mesure des répétitions en condition de privation d'oxygène. Une moindre disponibilité en O_2 sollicite préférentiellement la filière anaérobie lactique et induit une accumulation de métabolites comme le lactate dans le muscle. Le résultat est l'atteinte d'un milieu intramusculaire plus acide et une modulation de l'augmentation du gonflement musculaire (*cell swelling*; c'est-à-dire, le résultat d'une augmentation de l'hydratation cellulaire), qui est à l'origine d'une régulation augmentée de la synthèse protéique (**Figure 7**). Le RTH permettrait également de stimuler davantage certaines hormones grâce à une accumulation accrue de métabolites, provoquant une stimulation de l'accroissement des protéines musculaires.

En résumé

L'efficacité du RTH pour augmenter la taille du muscle et donc la capacité de production de force reste contrastée. Pour espérer des gains supérieurs avec le RTH, il conviendrait d'utiliser des expositions modérées (entre 2000 et

Figure 7 - Mécanismes du renforcement musculaire en hypoxie
(Modifié d'après Scott et al., 2015)

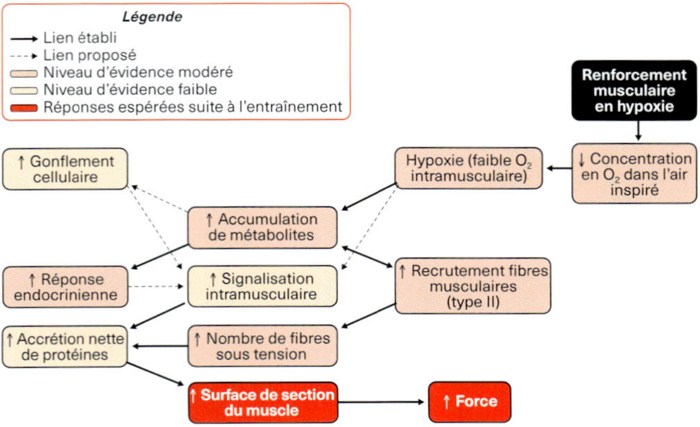

3000 m) avec des récupérations relativement brèves entre les efforts musculaires. La finalité étant de produire un niveau de stress métabolique suffisant mais non exagéré. Concrètement, nous suggérons des durées de récupération de 30 secondes environ pour des charges faibles (20-30% d'une répétition maximale) et de 60 secondes environ pour des charges modérées (50-70% d'une répétition maximale). Il est probable que les exercices «corps entier» de type *circuit training* produisent des effets supérieurs comparativement aux sollicitations musculaires localisées à partir de machines de musculation.

Appliquer un stimulus externe: hypoxie par occlusion vasculaire

Plusieurs études font état d'adaptations morphologiques positives et de gains de force – bien que modérés – lors d'entraînements à base d'exercices en résistance avec «hypoxie par occlusion vasculaire» (*blood flow restriction*, BFR) et réalisés à faible charge.[26] Cette méthode nécessite l'application d'un brassard gonflable autour d'un membre (à proximité des muscles à entraîner) qui a pour effet de produire un stress hypoxique en limitant l'apport sanguin vers et depuis les muscles contractés (**Figure 8**). Elle peut permettre l'occlusion vasculaire sur les membres inférieurs comme sur les membres supérieurs (**Figure 9**). Des gains de performance pour des exercices de sprints uniques et répétés suite à un entraînement avec BFR sont rapportés. Chez des joueuses de sport collectif par exemple, 5 semaines d'entraînement en résistance avec des charges faibles combinées avec BFR ou

26 Scott et al., 2015

une exposition hypoxique systémique améliorent la performance de sprint sur 5 et 10 mètres comparativement à un groupe contrôle (sans BFR et exposition hypoxique), avec des gains plus importants pour la méthode BFR. Aujourd'hui, il n'existe pas de recommandations uniformes quant à la meilleure manière d'utiliser la méthode BFR. Toutefois l'**Encadré 3** résume l'état actuel de nos connaissances dans le domaine. Récemment, l'efficacité d'un entraînement de type

Figure 8 - Principe de l'occlusion vasculaire

L'occlusion vasculaire, ou ischémie, est une diminution de l'apport de sang artériel à un organe. Dans le cadre d'un entraînement, une occlusion peut être provoquée intentionnellement par un garrot, ce qui permettrait des gains en termes de force et de croissance du muscle, mais aussi une stimulation du système nerveux.

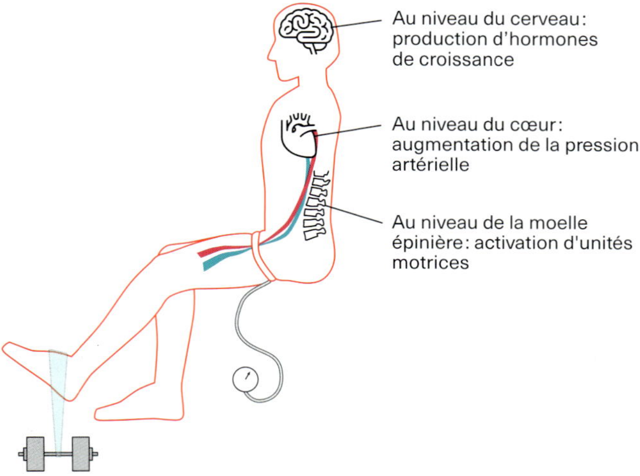

sprints répétés de 30 secondes sur cyclo-ergomètre combiné avec BFR en période post-exercice (récupération) a été testée. Si cette méthode innovante est efficace pour augmenter la VO_{2max} (+4.5 %) chez des athlètes entraînés comparativement à une récupération post-exercice sans contrainte, aucune de ces approches n'a induit d'amélioration significative de la performance (contre la montre de 15 km).

Pré-conditionnement ischémique

Le « pré-conditionnement ischémique » (*ischemic preconditioning*, IPC) correspond à l'exposition successive à de brèves périodes d'occlusion vasculaire et de reperfusion (Figure 10).[27] Cette méthode d'hypoxie dite locale a été proposée comme une aide efficace au développement musculaire afin d'améliorer sensiblement le niveau de performance. L'état de la recherche quant aux effets aigus de IPC sur la

Figure 9 - Zones d'application du brassard lors d'exercices spécifiques

Le brassard permettant l'occlusion vasculaire doit être bien positionné pour éviter les risques et être efficace.

27 Incognito et al., 2016

Encadré 3 - Recommandations pratiques pour la méthode de restriction du flux sanguin.

Application

N'importe que taille de matériel peut être utilisée du moment où la pression maximale d'occlusion (PMO) du membre est calculée.

Des brassards de plus petite taille nécessitent l'application de pressions plus élevées.

Des brassards plus larges pourraient limiter l'amplitude des mouvements réalisés.

Des brassards élastiques ou en nylon présentent des bénéfices similaires.

- Continue : pendant les phases d'exercice et de récupération
- Intermittente : pendant les phases d'exercice mais pas de récupération (bénéfices similaires, moindre inconfort)

Application passive

- Séries : 3-5
- Durée : 70-100 % PMO
- Pression : 70-100 % PMO
- Repos : 70-100 % PMO
- Application : Continue

Exercice aérobie

- Pression : 40-80 % PMO
- Intensité : < 50 % VO_{2max} ou fréquence cardiaque de réserve
- Durée : 5-20 minutes
- Modalité : Vélo ou marche
- Application : Intermittente ou Continue
- Fréquence : 1-2 × / jour pour 1-3 semaines or 2-3 × / semaine pour > 3 semaines ou plus

Exercice de renforcement musculaire

- Pression : 40-80 % PMO
- Répétition/Séries : 30-15-15-15 ou épuisement (2-4 séries)
- Récupération : 5-20 minutes
- Charge : 20-40 % 1-Répétition Maximale avec des pressions supérieures nécessaires pour des charge relatives inférieures
- Application : Intermittente ou Continue
- Fréquence : 1-2 × / jour pour 1-3 semaines or 2-3 × / semaine pour > 3 semaines

Tempo : 1-2 secondes en concentrique (c'est-à-dire flexion) & excentrique (c'est-à-dire extension)

performance en sprint est relativement récent et encore controversé. Alors que certains rapportent une amélioration de la puissance produite lors de sprints répétés avec IPC, d'autres n'ont pas observé d'effet de cette méthode, et une étude a même mis en évidence un effet délétère lors d'une série de sprints de type « Wingate » répétés. Par ailleurs, IPC semble améliorer la performance chronométrique lors d'un 100 m unique et lors de la répétition de 50 m en natation, alors qu'aucun effet n'est visible lors de 3 sprints en course de 30 m répétés chaque minute. Le protocole IPC le plus répandu (comme adopté dans toutes les études décrites dans ce chapitre) nécessite l'application de 4 cycles d'occlusion/reperfusion de 5 minutes.[28] Néanmoins, la grande diversité des caractéristiques des participants (c'est-à-dire la sensibilité à l'IPC et le niveau de performance), des modes d'exercice (vélo, course, natation) et des méthodes

28 Incognito et al., 2016

employées (taille et masse musculaires du membre, occlusion unilatérale ou bilatérale, temps séparant l'IPC et le début de l'exercice, pression employée) entre les études rend difficile la comparaison directe de leurs résultats. En retour, cela contribue probablement à expliquer la diversité des résultats rapportés. Si l'IPC est connu pour augmenter la SpO_2 lors

Figure 10 - Mécanismes du préconditionnement ischémique
(Modifié d'après Incognito et al., 2016)

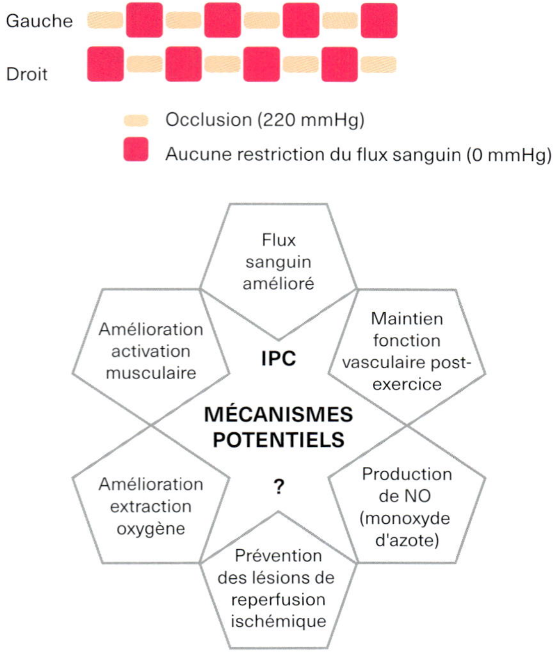

d'efforts maximaux successifs,[29] en revanche, la perception de l'effort et la lactatémie ne semblent pas être altérées. Les mécanismes impliqués dans les améliorations de performance décrites plus haut ne sont pas encore complètement compris (**Figure 7**). Alors que d'autres recherches sont nécessaires, il semblerait que l'IPC potentialise l'activation musculaire ainsi que l'efficacité mitochondriale et le couplage excitation-contraction.

29 Patterson et al., 2015

5. Je combine les différentes méthodes hypoxiques pour plus d'efficacité

Une option supplémentaire dans l'entraînement en altitude/hypoxie réside dans la possibilité de combiner les différentes méthodes d'entraînement hypoxique. Partant du principe que si le paradigme LHTL fonctionne pour potentialiser les qualités d'endurance au niveau de la mer, et que si RSH améliore la tolérance à répéter des sprints[30,31], alors « vivre en altitude et s'entraîner au niveau de la mer et en altitude » (*live high-train low and high*, LHTLH) devrait maximiser les bénéfices physiologiques du fait de la combinaison de ces deux méthodes (**Figure 11**). Par ailleurs, la combinaison des méthodes hypoxiques atténuerait certains effets secondaires, tels que la diminution du volume plasmatique et de l'activité ATP-asique Na^+/K^+ observés lorsque les méthodes sont utilisées de manière isolée.[32]

On sait depuis quelques années qu'une période de deux semaines de LHTLH (faible « dose hypoxique », ~200 heures)

30 Faiss et al., 2013
31 Brocherie et al., 2015
32 Girard et al., 2017

en milieu de saison d'un championnat élite de hockey sur gazon améliore les qualités physiques « aérobie » et « anaérobie » des joueurs, comparativement à un entraînement LHTL (avec répétition de sprints réalisés au niveau de la mer) ou un entraînement « classique » au niveau de la mer.[33] En particulier, les résultats soulignent une augmentation de Hb_{mass} (+3-4 %, en accord avec les précédentes études LHTL menées sur des sports collectifs) susceptible d'être maintenue jusqu'à 20 jours post-intervention, ainsi qu'une amélioration de la performance aérobie (+21-40 %) dans les deux

Figure 11 - Mécanismes de la combinaison des méthodes hypoxiques

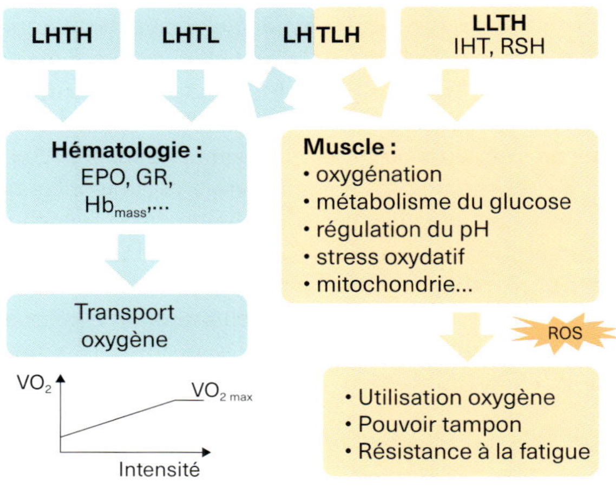

33 Brocherie et al., 2015

groupes expérimentaux LHTLH et LHTL comparé au groupe contrôle. En revanche, la supériorité de la méthode LHTLH sur LHTL est surtout visible sur l'habilité à répéter des sprints, puisque les gains sont doubles immédiatement après l'intervention (temps cumulés lors du test de sprints répétés : -3,6 % contre -1,9 %, respectivement), et sont maintenus pour le groupe LHTLH uniquement pendant au moins 3 semaines après l'intervention. Ceci confirme que des facteurs non hématologiques sont certainement plus impliqués que la capacité à transporter l'O_2 dans l'amélioration et/ou le maintien de performance en répétition de sprints après LHTLH.

En effet, l'ajout des 6 séances RSH (~5 h à une altitude simulée de 3000 m) pour le groupe LHTLH n'a pas d'impact mesurable sur Hb_{mass}, démontrant ainsi que la dose hypoxique est le facteur principal responsable de l'augmentation de Hb_{mass} et que RSH en soi n'a pas d'effet « érythropoïétique ». Plus important encore, cela suggère que Hb_{mass} n'est pas altérée par les mécanismes de développement induits par RSH. Les mécanismes proposés incluent des adaptations moléculaires au niveau des tissus musculaires,[34] une meilleure efficience du système neuromusculaire (en particulier au niveau des fibres rapides), une amélioration de la glycolyse anaérobie et une amélioration de la capacité tampon des muscles (**Figure 12**).

34 Brocherie et al., 2017

Figure 12 - Illustration de la méthode « vivre en altitude et s'entraîner au niveau de la mer et en altitude »
(D'après Brocherie et al., 2015)

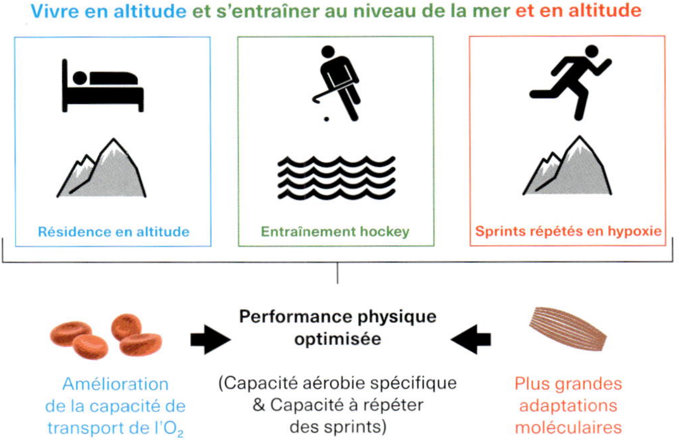

6.
Je prépare une compétition ou un séjour en haute altitude

Comment mettre à profit la possibilité de combiner altitudes terrestre et artificielle pour améliorer les chances de réussite lors d'un trek en haute altitude ?

Lorsque l'on tente de gravir le toit du monde ou un sommet à plus de 5 000 mètres, une acclimatation efficace à l'altitude extrême est nécessaire sous peine de danger de mort. Ainsi, onze alpinistes ont perdu la vie sur les pentes de l'Everest pendant le printemps 2019.

L'acclimatation classique est longue, coûteuse et sans garantie

Une des clefs pour minimiser les risques de mal aigu des montagnes ou d'œdème de haute altitude consiste en une augmentation très progressive de l'altitude quotidienne : au maximum 300-400 mètres par jour (voir chapitre 11). Au Népal, les compagnies de guides, qu'elles soient locales ou européennes, proposent ainsi une longue période « touristico-physiologique » d'une semaine où l'on augmente très graduellement l'altitude quotidienne entre Katmandu (1 350 m) et le camp de base (CB, 5364 m) de l'Everest. Ceci est combiné avec de l'exercice à très basse intensité (marche en montagne). Ensuite, plusieurs allers-retours entre le CB et des altitudes plus hautes permettent de préparer l'ascension jusqu'au sommet avec des allers-retours avec le camp 1 (5900 m), le camp 2 (6400 m) puis l'ascension par le camp 3 (7160 m), et enfin le camp 4 au col sud (8000 m). Ceci nécessite de longues semaines et la *British Mountaineering Council* recommande une acclimatation sur place de deux mois. De (très) nombreux trekkeurs visitent aussi le CB et ceci explique qu'il soit devenu une véritable petite ville avec pas moins de 1500 personnes en permanence en haute-saison (avril-mai).

Cette acclimatation « traditionnelle » est longue, coûteuse et sans garantie, car elle comporte plusieurs limites : elle nécessite beaucoup de temps et donc beaucoup d'argent (~50000 $ jusqu'à 150000 $, comprenant le permis de ~11000 $). L'altitude élevée du CB et les conditions parfois rudimentaires font que l'état de santé des alpinistes, souvent, se dégrade progressivement (infections, fatigue, anxiété...). Parfois ces derniers débutent l'ascension dans un état de forme diminué.

Une alternative serait donc de pouvoir se pré-acclimater en Europe pour réduire la durée du séjour sur place. C'est ce qu'a réalisé Kilian Jornet, le célèbre coureur en montagne, en 2017. Nous allons détailler et analyser sa méthode d'acclimatation (**Figure 13**).[35] Évidemment, Kilian Jornet est un athlète d'exception et il ne s'agit pas de proposer un transfert intégral du contenu de son entraînement à des alpinistes lambda. Néanmoins, les principes nous semblent intéressants. Quels sont-ils ?

35 Millet et Jornet, 2019

Acclimatation innovante de type « vivre en haut et s'entraîner en bas et en haut »

1. *Kilian Jornet a dormi dans une tente hypoxique (hypoxie normobare ; avec un air appauvri en oxygène) pendant un mois, accumulant 260 heures entre 4 000 et 5 000 mètres.*

   Dormir en altitude simulée en accumulant suffisamment de nuits (un mois minimum ; idéalement jusqu'à trois mois) à des altitudes croissantes (de 2 800 à 5 000 m) prépare

Figure 13 - Comment Kilian Jornet a préparé son record sur l'Everest
D'après Millet et Jornet, 2019. fissac.com

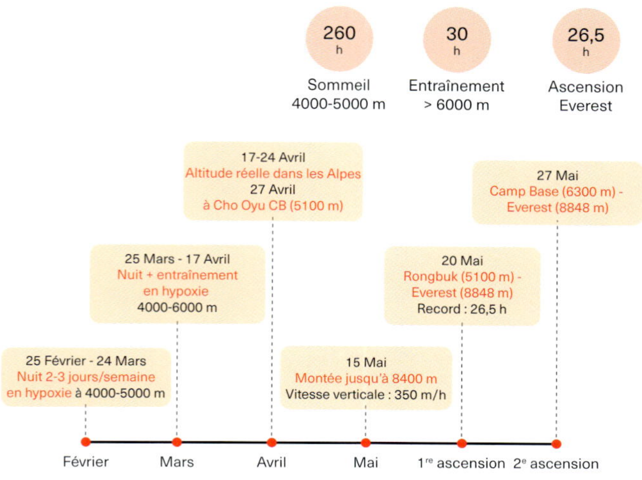

l'organisme et permet de débuter l'acclimatation au niveau respiratoire et métabolique. L'alpiniste souffrira moins de l'altitude quand il arrivera dans l'Himalaya. Ceci peut réduire la durée du séjour sur place nécessaire avant l'ascension car cette pré-acclimatation minimise les risques.

2. *Kilian Jornet a effectué des séances d'interval-training en hypoxie sous forme de répétitions de 5 minutes à 15 km/h à une altitude simulée de 6 000 mètres.*

   Faire de l'exercice en altitude en alternant des efforts intenses (avec des répétitions de 8-20 minutes d'effort) à altitude élevée peut se faire dans les centres hypoxiques de Suisse romande (Centre SportAltitude, Onex; Hopital La Tour, Meyrin; Clinique Romande de Réadaptation Suva, Sion; bientôt MotionLab, Mont-sur-Lausanne). Faire de l'exercice en altitude est bénéfique pour les adaptations périphériques et permet de retarder la fatigue musculaire (**voir chapitre 2**).

3. *Kilian Jornet a effectué des séjours dans les Alpes avant de partir pour l'Himalaya (100 heures autour de 3 500-4 200 mètres).*

   Être exposé à l'altitude réelle (hypoxie hypobare; dans des conditions où l'hypoxie provient de la diminution de la pression barométrique) pendant plusieurs jours, par exemple en dormant en refuge (> 3 500 m) et en faisant des exercices longs et modérés, permet d'optimiser le transfert des effets préalables obtenus en altitude simulée.

   Les observations suivantes attestent de l'efficacité de sa préparation:

4. *Kilian Jornet a atteint son premier 8000 mètres « seulement » 10 jours après avoir séjourné dans l'Himalaya.*

   Il est envisageable de réduire de moitié les deux mois qui sont actuellement la norme pour les expéditions commerciales.

5. *Kilian Jornet a atteint une vitesse verticale de 350 m/h pendant 6 heures entre 6300 et 8400 mètres; ce qui constitue la meilleure performance connue à ce jour à ces altitudes.*

   La recherche d'une vitesse élevée n'est pas recommandée. Les performances en montagne de Kilian Jornet sont exceptionnelles. Pour la plupart des alpinistes, elle se traduit par un risque accru de troubles pathophysiologiques associés à la haute altitude (**voir chapitre 11**). Il convient néanmoins de chercher à réduire la durée passée au-dessus de 7000 mètres; aller plus vite permet donc de passer moins de temps dans cette « zone de la mort ».

En résumé

Utiliser une pré-acclimatation de type LHTLH « *vivre en haut et s'entraîner en bas et en haut* », en combinant le fait de dormir et de s'entraîner, y compris à haute intensité, en altitude simulée représente une perspective prometteuse pour tous les alpinistes qui rêvent de sommets himalayens. En un mot, il s'agit d'une méthode qui réduit les durées nécessaires sur place, qui diminue les risques liés à la haute altitude et qui combine des adaptations favorables aux niveaux sanguin, cérébral et musculaire.

7.
Considérations éthiques sur l'entraînement hypoxique

Lorsque l'on parle d'entraînement en hypoxie et des méthodes artificielles d'altitude simulée, il faut répondre à des considérations éthiques et à des interrogations relatives à la santé des athlètes ou des patients.

L'altitude – réelle ou simulée – peut-elle être dangereuse ?

L'altitude est un stress supplémentaire qui – s'il est bien intégré – amènera des adaptations plus favorables pour la performance ou la santé. À l'inverse, ce peut aussi être un facteur de risque supplémentaire. Le rapport risques/bénéfices doit donc toujours rester présent à l'esprit.

Statistiquement, les risques d'utilisation d'une chambre hypoxique sont extrêmement faibles : sur plus de 1 000 000 de nuits passées en hypoxie par des athlètes (instituts de sports ; tentes ; chambres...), aucun incident n'a été signalé. On peut même considérer que l'utilisation de matériel hypoxique réduit les risques que prennent les athlètes lorsqu'ils doivent se déplacer pour atteindre les centres d'entraînement situés en montagne. La pré-acclimatation par des méthodes artificielles avant de partir en altitude (trekking; trails; VTT; alpinisme; ski-alpinisme...) réduit la probabilité de mal aigu des montagnes (MAM) ou d'œdème pulmonaire de haute altitude (OPHA). L'exposition hypoxique peut être considérée comme une méthode de prévention des risques; et dans ce cas particulier, d'activité physique en haute altitude (**voir chapitre 1**).

Les méthodes hypoxiques peuvent-elles être assimilées à du dopage ?

Il existe une confusion entre méthodes hypoxiques, dont l'innocuité est démontrée par de nombreuses études scientifiques, et dopage sanguin (transfusion, injection d'EPO) qui est non seulement interdit mais surtout dangereux.

Dans le cas d'injection d'une substance exogène, on vient court-circuiter ou perturber les régulations hormonales ou hémodynamiques de l'organisme du sportif; dans le cas d'exposition à l'hypoxie (active ou passive), l'organisme utilise ces mécanismes de régulation pour s'adapter aux modifications des conditions environnementales.

L'Agence Mondiale Antidopage (AMA) a autorisé les méthodes hypoxiques en 2006 suite à une série d'investigations scientifiques et la consultation de l'ensemble des intervenants du monde sportif (fédérations internationales, athlètes,...). Pendant les grandes années de l'utilisation massive de l'EPO dans les sports d'endurance (1993-2002), certains sportifs, en particulier les cyclistes professionnels, utilisaient très peu l'altitude dont les bénéfices sont plus aléatoires et beaucoup moins importants (rapport risques/bénéfices 3-4 % versus 8-10 % avec l'EPO). Comme des progrès ont été effectués dans la lutte contre le dopage sanguin et que la prise d'EPO est plus facilement détectable grâce au passeport biologique notamment, la quasi-totalité de ces sportifs (y compris dans le cyclisme) effectuent aujourd'hui régulièrement des stages en altitude (Sierra Nevada en Espagne ; volcan Teide dans les Îles Canaries ; Autriche...)

Est-on certain de progresser en utilisant l'altitude ?

L'entraînement en altitude est utile... si on ne fait pas d'erreurs !

C'est l'objectif avoué de ce livre : détailler le champ des applications possibles et fixer des limites en fonction des objectifs recherchés par le sportif ou le patient. Il s'agit tout simplement d'une composante de l'entraînement au même titre que l'intensité de l'exercice, le volume, la récupération, la planification, la nutrition, la musculation... Ainsi l'entraînement en altitude doit être considéré dans une approche globale qui prendra en considération l'expérience, le niveau de pratique de l'athlète, son ressenti, ses objectifs et s'intégrera dans une périodisation générale.

L'altitude peut apporter une amélioration de quelques pourcents (1-5 %), qui font la différence dans le sport d'élite lorsque les places sur le podium se jouent souvent au dixième ou même au centième de secondes lors des compétitions majeures comme les Jeux Olympiques ou les Championnats du monde.

Il existe des différences physiologiques entre l'hypoxie *naturelle* (hypoxie hypobare induite par la baisse de la pression barométrique) provenant d'un séjour en montagne et l'hypoxie *simulée* créée artificiellement par une machine (hypoxie normobare via extraction d'oxygène ou dilution d'azote). Néanmoins, les deux situations ont un effet positif sur la santé. L'**Encadré 4** reformule quelques principes simples afin d'éviter les erreurs les plus grossières.

Encadré 4 - Recommandations pratiques générales sur l'entraînement en hypoxie

La plupart des sites naturels à travers le monde, et suffisamment bien équipés au point de vue conditions d'hébergement et équipements sportifs, se situent généralement à une altitude modérée variant de 1 800 à 2 500 mètres.

Dans de telles conditions, la méthode LHTH demeure pertinente pour maximiser la dose hypoxique et pour préparer une compétition en altitude (**Tableau 3**).

Cette approche est supportée par le principe qui veut que l'augmentation de VO_{2max} soit dépendante de la dose hypoxique (= combinaison du stress hypoxique et de la durée d'exposition). Pour maximiser l'acclimatation physiologique et principalement le transport d'O_2, il est recommandé de passer un minimum de 10-12 jours à des altitudes supérieures à 2 200 m.

Ceci dit, bien que la dose hypoxique détermine l'ampleur des changements physiologiques avec des altitudes élevées déclenchant des adaptations plus rapides, il est important de noter que le niveau de stress hypoxique le plus sévère n'est pas le meilleur en termes de qualité d'entraînement (délais de récupération allongés) et de conditions de vie (qualité du sommeil altérée).

À ce propos, il a été rapporté que l'amélioration de la VO_{2max} après un entraînement LHTL en condition naturelle était tributaire du niveau d'altitude : une zone « optimale » se situerait autour de 2 000-2 500 m alors qu'une altitude plus faible (1800 m) ou plus élevée (2800 m) aurait un effet néfaste sur la performance, ceci en dépit d'augmentation équivalente de Hb_{mass} pour les différents niveaux d'altitude.

Concernant les nouvelles approches d'entraînement en altitude/hypoxie, les recommandations suivantes peuvent être formulées :

- Pour le RSH, 3-4 séries de 4-7 répétitions de sprints à intensité maximale d'une durée de 5-15 s, alternées avec des récupérations passives < 30 s réalisées à ~3000 m. Le choix du mode d'exercice (par exemple, ergocycle ou tapis roulant) se fera en fonction des spécificités du sport ciblé et/ou des effets escomptés.
- Pour le RTH, il conviendrait d'utiliser des expositions modérées (entre 2000 et 3000 m) avec des récupérations relativement brèves (par exemple ~30 s pour des charges faibles [20-30 % de 1-RM] et ~60 s pour des charges modérées [50-70 % de 1-RM]) entre les efforts musculaires.

II. Hypoxie et santé

Credit: unsplash/Dio Hasibuan

Les effets thérapeutiques de l'altitude modérée sont sous-estimés. Vivre ou séjourner à moyenne altitude est bénéfique, surtout si on y fait de l'exercice, tout particulièrement pour les individus souffrant d'obésité, de problèmes vasculaires ou d'hypertension, ainsi que pour les personnes âgées. De nombreuses preuves cliniques s'accumulent dans les revues médicales sur les bénéfices thérapeutiques qu'il y a à résider et/ou à faire de l'exercice à intensité faible à modérée (en aérobie stricte) en altitude modérée (1 000-1 800 m) en raison des effets de l'hypoxie et de la diminution de la quantité d'oxygène dans le sang qu'elle engendre. Ainsi, des effets majorés par rapport aux adaptations observées en plaine ont été rapportés pour normaliser la pression artérielle chez le sujet sain comme chez des patients hypertendus ou ayant des pathologies cardiovasculaires. De plus, des études récentes ont aussi montré que l'hypoxie, par son aspect anorexigène, s'accompagnait d'une perte de masse grasse plus importante chez des patients obèses. Enfin, l'altitude retarderait ou contrebalancerait plusieurs pathologies associées au vieillissement. Vivre et vieillir en altitude modérée ont des effets globalement positifs sur de nombreux facteurs de risque de mortalité.[36]

Ce chapitre propose des solutions pour trois grandes catégories de personnes:

36 Millet et al., 2016

1. les personnes en surpoids ou en situation d'obésité qui souhaitent utiliser l'altitude pour maigrir;

2. les personnes ayant de l'hypertension ou des problèmes vasculaires qui veulent diminuer leur pression et/ou rigidité artérielle en intégrant des expositions intermittentes hypoxiques;

3. les personnes âgées qui souhaitent faire de l'altitude une alliée pour rester actives, indépendantes et maintenir un haut niveau d'interaction sociale plus longtemps.

L'hypoxie intermittente ou l'altitude modérée ont aussi des effets bénéfiques sur des individus souffrant d'autres pathologies: les blessés médullaires car elle améliore l'excitabilité corticale (**Figure 14**); les diabétiques; les sportifs en rééducation post-chirurgie. Chez le sportif blessé, l'exposition hypoxique est particulièrement utile pour limiter la perte de forme physique. L'hypoxie permet un retour plus rapide à l'entraînement en minimisant les temps d'immobilisation suite à une opération par exemple. Dans ce cadre, un exercice en hypoxie qui utilise les membres inférieurs pour un sportif avec le pied dans le plâtre sera utile pour maximiser le stimulus d'entraînement lorsque la mobilité est impactée. L'exposition hypoxique lors de l'exercice de course ou de pédalage revêt un aspect «allégeant»: elle permet de réduire le niveau de contrainte mécanique lié à l'exercice (moindre vitesse de course, résistance sur le vélo) pour un niveau de sollicitation cardio-métabolique (fréquence cardiaque) égalé en référence à la situation de normoxie.

Figure 14 - Effet de l'hypoxie intermittente sur l'excitabilité corticale
(d'après Christiansen et al. 2018)

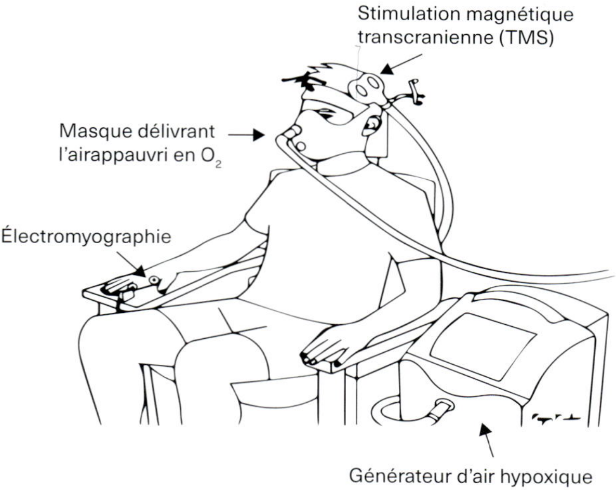

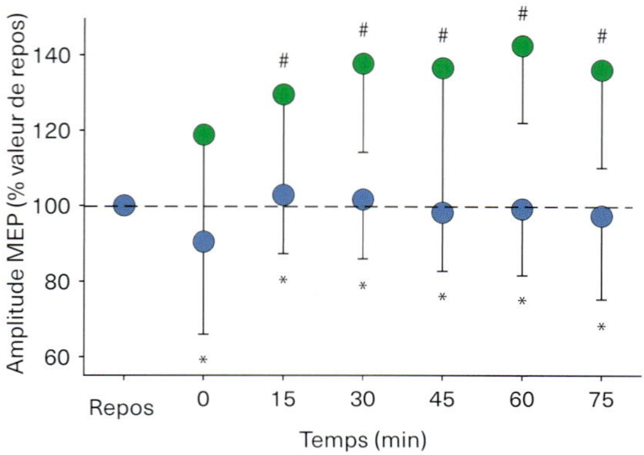

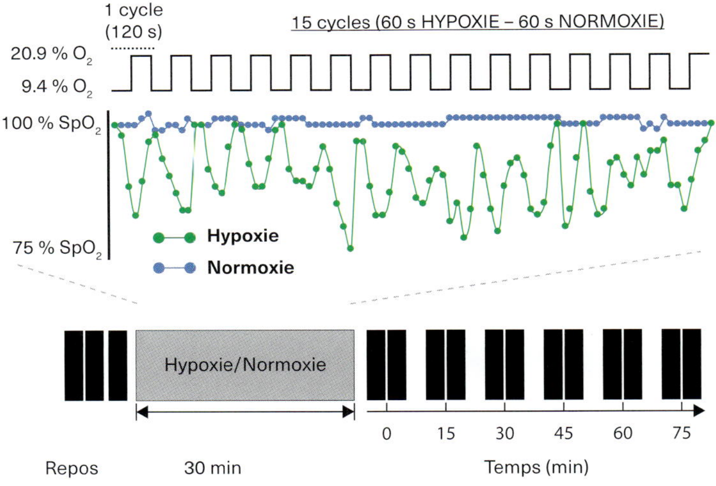
1 cycle
(120 s)
15 cycles (60 s HYPOXIE – 60 s NORMOXIE)
20.9 % O2
9.4 % O2
100 % SpO2
75 % SpO2
Hypoxie
Normoxie
Hypoxie/Normoxie
0
15
30
45
60
75
Repos
30 min
Temps (min)

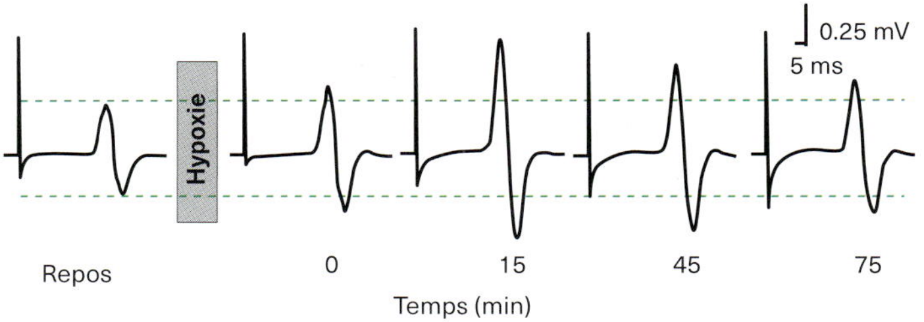
0.25 mV
5 ms
Hypoxie
Repos
0
15
45
75
Temps (min)

Mécanismes et méthodes

On parle de conditionnement hypoxique lorsqu'il s'agit de prévenir ou traiter une pathologie. La liste est longue des effets que peuvent procurer des expositions intermittentes passives en hypoxie modérée à sévère ou des exercices en altitude modérée (Figure 15). Des patients souffrant de pathologies variées trouveraient un bénéfice clinique à intégrer l'hypoxie dans leur traitement.

La Figure 16 présente le panorama des méthodes utilisées chez les patients. On distingue les effets liés à résider d'une manière permanente en montagne (par définition à des

Figure 15 - Effets d'un conditionnement hypoxique sur diverses pathologies

Métaphore de l'iceberg - L'utilisation thérapeutique de l'hypoxie correspondrait à la partie immergée de l'iceberg, le sport d'élite serait la partie visible

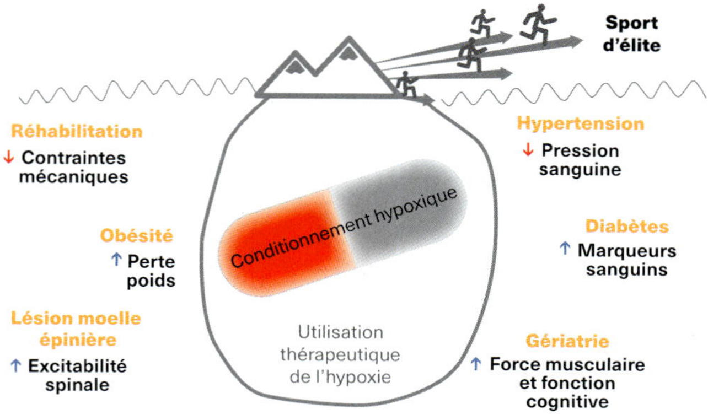

altitudes modérées < 1 800 m), à ceux des séjours de plusieurs jours ou semaines passées en chambre hypoxique dans un hôpital ou clinique spécialisée ou lors d'un séjour thérapeutique en moyenne montagne. Le parallèle peut être fait avec la méthode LHTH développée chez le sportif (**voir chapitre 1**).

Une autre forme d'exposition similaire au LLTH chez le sportif (**voir chapitre 2**) permet de limiter les risques cardiovasculaires : il s'agit de la forme intermittente d'exposition à l'hypoxie (ou hypoxie intermittente).

Figure 16 - Panorama des différentes méthodes permettant une utilisation thérapeutique de l'hypoxie

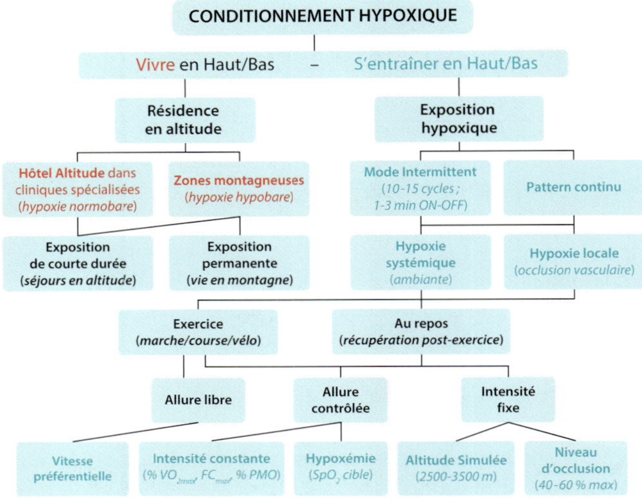

Si les risques cardiovasculaires sont faibles, on peut aussi stimuler les fonctions musculaires et vasculaires en utilisant l'hypoxie locale avec occlusion vasculaire (voir chapitre 4). Cette méthode est particulièrement adaptée quand on est dans l'impossibilité de mobiliser des charges lourdes, soit par déficit de force (« fonte musculaire » ou sarcopénie chez la personne âgée), soit parce que l'on est immobilisé partiellement ou complètement (sportif en rééducation, blessé médullaire...).

Une session typique d'exposition intermittente hypoxique s'effectue au repos et consiste par exemple à alterner les périodes d'exposition courtes en hypoxie sévère (1 minute avec 9,4 % d'oxygène) avec des phases de durée similaire en normoxie (1 minute à 21 % d'oxygène). Les changements de saturation artérielle en oxygène (SpO_2) pendant les phases d'exposition en hypoxie et en normoxie sont représentés avec des tracés bleus et verts, respectivement. Cette séquence est répétée 15 fois, soit une intervention d'une durée totale de seulement 30 minutes. Une seule session d'exposition intermittente hypoxique est suffisante pour augmenter l'excitabilité cortico-spinale pour au moins 75 minutes après l'intervention.

Un témoin indirect de l'excitabilité cortico-spinale est l'amplitude pic-a-pic du potentiel moteur évoqué (ou *Motor Evoked Potential*, MEP) mesuré par électromyographie de surface suite à une stimulation magnétique transcrânienne. Notons que le même protocole réalisé en normoxie n'induit aucune modification de l'excitabilité du système nerveux central. Les applications sont nombreuses et prometteuses, notamment pour les patients souffrant de maladies neurologiques comme les blessés médullaires.

8.
Je bouge en altitude pour maigrir

Obésité : quelle est l'ampleur du problème ?

À l'échelle mondiale, près de la moitié de la population est considérée comme en surpoids, c'est-à-dire présentant un indice de masse corporelle (IMC = poids en kg / taille en m^2) supérieur à 25 kg/m^2. Parmi ces individus, la moitié est considérée comme souffrant d'obésité (IMC supérieur à 30). Malheureusement, ces chiffres continuent de croître, en particulier dans les pays industrialisés et en voie de développement. L'obésité est une perturbation d'ordre métabolique caractérisée par une augmentation de la masse du tissu adipeux (accumulation excessive de graisse) qui résulte d'un déséquilibre systémique entre les apports de l'alimentation et la dépense énergétique. Les principales causes sont d'une part une méconnaissance des bonnes habitudes alimentaires, et d'autre part le manque d'activité physique. Traiter l'obésité consiste à contrôler les apports alimentaires journaliers, éventuellement une prise médicamenteuse (pharmacologie) et dans les cas les plus sévères le recours à la chirurgie bariatrique. Les bénéfices de l'activité physique sur la perte de poids, suite à une modification de l'appétit et une augmentation de la dépense énergétique, sont largement établis.

L'importance de l'activité physique pour traiter l'obésité

Au-delà des traitements pharmacologiques ou alimentaires (stratégies nutritionnelles), être physiquement actif de manière régulière est sans conteste un moyen efficace de prévenir ou traiter l'obésité. L'entraînement d'intensité modérée et continue (50 à 70 % de la fréquence cardiaque maximale) est le plus souvent recommandé par les experts afin de maîtriser le poids des patients obèses. En plus de la perte de poids, l'activité physique régulière permet d'améliorer le niveau de condition physique, et de prévenir le développement des maladies cardiovasculaires ainsi que le risque de mortalité et la morbidité cardiovasculaire. Par exemple, un entraînement de 8 semaines permet de restaurer l'élasticité carotidienne et les propriétés de vasodilatation des grosses artères du patient obèse. Notons que l'entraînement par intervalles, produisant un stress mécanique augmenté contre les parois supérieures, produirait de meilleurs effets comparativement à l'entraînement « traditionnel » en continu. Ceci notamment afin de diminuer la pression sanguine ou d'améliorer la fonction endothéliale dont l'altération est l'une des premières étapes conduisant à l'athérosclérose chez les patients souffrants de désordres métaboliques.

Effets de l'exposition hypoxique sur la santé

Une autre solution, afin de créer une balance énergétique négative, consiste en une exposition hypoxique en tant que telle (au repos), ou, mieux, combinée à l'exercice physique. Plusieurs études ont montré que grâce à l'altitude c'est-à-dire en hypoxie, on pouvait obtenir les mêmes bénéfices cardiorespiratoires, de condition physique et de composition corporelle qu'un programme d'entraînement en normoxie (en plaine), mais avec une intensité plus faible, par exemple en marchant plus lentement. L'avantage de la plus faible intensité d'exercice en hypoxie est de pouvoir réduire les contraintes mécaniques au niveau ostéoarticulaire, souvent limitantes pour des sujets en surpoids. L'altitude peut également diminuer la sensation de faim, un phénomène connu sous le terme d'« anorexie d'altitude » (voir plus bas). Sans surprise, des chercheurs ont observé, aux États-Unis, que lorsque l'altitude de résidence augmente, le taux d'obésité baisse.

Aux altitudes modérées (entre 1 000 et 1 800 m), la baisse de la pression en oxygène dans l'air ambiant a de multiples bienfaits sur la santé. Certains mécanismes sont proches de ceux procurés chez des sportifs de haut niveau qui s'entraînent en condition d'hypoxie pour améliorer leurs performances. L'exposition aiguë à l'hypoxie induit, via la diminution de la pression artérielle en O_2, une vasodilatation artérielle (raideur artérielle) et une augmentation du flux sanguin dans les tissus vasculaires, ceci malgré une augmentation de l'activité de vasoconstriction. Nul besoin d'être un athlète pour profiter de ces bénéfices. Pour tout un chacun, faire de l'exercice en état d'hypoxie accroît la perfusion ainsi que l'oxygénation des muscles et augmente la relaxation des vaisseaux sanguins. Par ailleurs, des expositions intermittentes hypoxiques modérées (P_iO_2 = 9-16 %) passives (au repos) de courte durée avec une quinzaine de cycles hypoxie-normoxie de quelques minutes seraient une pratique simple et efficace pour améliorer plusieurs marqueurs de santé (**voir Chapitre 9**).

En outre, comme l'hypoxie réduit l'appétit, cela participerait à diminuer la masse grasse et la masse maigre, donc aider à perdre du poids. Ce phénomène d'anorexie liée à l'exposition hypoxique a été décrit comme une diminution de la quantité de nourriture ingérée faisant suite à la perte d'appétit. En résulterait une production accrue d'hormones de la satiété comme la leptine, qui serait aussi accompagnée par une réduction de l'hormone ghréline stimulant la sensation de faim.

Enfin, l'hypoxie réduit les processus inflammatoires, diminue la rigidité des parois artérielles et, chez les diabétiques, améliore la sensibilité à l'insuline. Dans la mesure où la combinaison de l'exercice avec l'exposition hypoxique augmente sensiblement le niveau d'hypoxémie, il fait sens que la perte de poids et l'amélioration de la santé cardio-métabolique soient majorées comparativement à l'une ou l'autre de ces conditions prises séparément. D'ailleurs, dans les populations vivant à plus de 1 000 m d'altitude, la proportion des individus obèses est inférieure à celle que l'on trouve en plaine.

Les séjours en altitude comme thérapie contre l'obésité

Rien de tel que la montagne pour lutter contre l'obésité. Les personnes en surpoids, qui ont souvent des difficultés à courir, voire à marcher longtemps sans douleur, peuvent utiliser l'altitude pour faire de l'exercice et augmenter ainsi leur dépense énergétique. L'exposition permanente à des altitudes terrestres allant de 1 500 à 2 500 m pour plusieurs semaines, pour des individus résidant et jouissant des plaisirs de la montagne comme les marches dans des sentiers vallonnés, sont des pratiques de plus en plus courantes à des fins d'amélioration de la santé. Dans une étude autrichienne publiée en 2003, des patients souffrant du syndrome métabolique étaient invités à séjourner 3 semaines à 1 700 m d'altitude.[37] Après seulement 3 jours d'exposition, la pression sanguine systolique était diminuée, et cet effet positif persistait au moins une semaine après le retour en plaine. Dans une autre étude, après un séjour d'une semaine à 2650 m, la pression sanguine diastolique était diminuée immédiatement et se prolongeait durant 4 semaines. Dans la plupart des études menées, il reste toutefois difficile de déterminer si les adaptations sont liées à l'exposition hypoxique en tant que telle ou aux effets de l'exercice physique puisqu'aucun groupe contrôle (sans exposition hypoxique et/ou exercice) n'était inclus.

L'entraînement en altitude dans une chambre hypoxique pour maximiser la perte de poids

L'entraînement à intensité continue (PiO_2 = 15 %), de 90 minutes et à faible intensité, réalisé trois fois par semaine pendant 8 semaines, conduit à des pertes de poids plus importantes que le même programme réalisé au niveau de la mer (+1,14 versus 0,03 kg). En utilisant un protocole d'entraînement relativement similaire, de plus larges améliorations concernant le quotient respiratoire et la lactatémie atteinte au seuil anaérobie ainsi que la composition corporelle étaient notées après 4 semaines d'entraînement en hypoxie *versus* normoxie[38]. De manière intéressante, ces bénéfices étaient obtenus malgré un volume d'entraînement total réduit en hypoxie, et par conséquent une moindre contrainte mécanique

37 Schobersberger et al., 2003

38 Wiesner et al., 2010

totale.[39] L'implication clinique pour des patients obèses présentant éventuellement des complications orthopédiques est la suivante : la contrainte mécanique imposée au système locomoteur pendant l'exercice physique peut être diminuée en condition hypoxique *versus* normoxique pour des gains fonctionnels comparables (**Figure 17**). Selon cette logique, une étude de l'ISSUL a mis en évidence que 9 séances

Figure 17 - Marcher en hypoxie pour réduire la contrainte mécanique avec une vitesse plus faible
(d'après Fernandez Menendez et al., 2018)

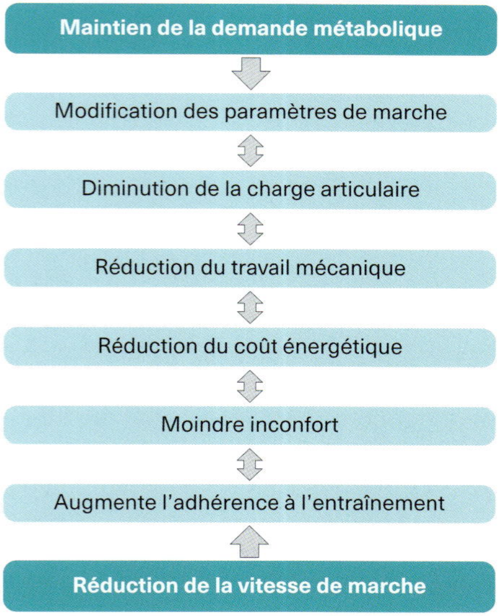

39 Girard et al., 2017

d'entraînement sur 3 semaines, incluant 1 heure de marche en continu à une vitesse librement choisie basée sur les sensations ressenties, apportent une fois les sessions terminées des effets bénéfiques similaires sur l'augmentation de la vitesse préférentielle de marche et les indices de santé cardiovasculaire.[40] Pendant le programme d'entraînement en hypoxie, les vitesses de marche étaient en revanche plus basses, de l'ordre de 5 à 10 %, ce qui favoriserait l'adhérence à ce type de programme d'entraînement, notamment du fait de l'allure librement choisie lors des entraînements.

En résumé

L'obésité est un fardeau pour nos sociétés modernes, puisque cette maladie s'accompagne le plus souvent d'autres complications telles que le diabète, l'hypertension ou le développement de plusieurs types de cancers. Afin de minimiser l'accumulation de tissus graisseux et de moduler les facteurs de risque de l'obésité, des interventions innovantes sont aujourd'hui nécessaires. Dans ce contexte, l'exposition hypoxique pendant la pratique d'une activité physique représente une approche prometteuse, procurant de nombreuses améliorations de la qualité de vie chez la personne en situation d'obésité (**Tableau 6**).

40 Fernandez-Mendez et al., 2018

Tableau 6 - Mécanismes positifs de l'exercice en altitude modérée pour les personnes obèses ou en surpoids

Respiration	Système Cardio-vasculaire	Cellulaire et métabolique	Régulation de la masse corporelle
Hyperventilation ↑ Diffusion pulmonaire ↑ Tolérance CO_2 pendant le sommeil **↓ Désaturation pendant le sommeil** ↑ Réponses ventilatoires à l'exercice à l'exericie **Améliore la fonction respitatoire**	↑ FCmax **↑ vasodilatation périphérique** ↑ VO_{2max} ↓ Facteurs pro-inflammatoires **Protection cardiovasculaire**	**↑ HIF-1 et VEGF** ↑ Angiogenèse ↑ Diamètre des artérioles ↑ Enzymes glycolytiques & mitochondriales ↑ affinité Hb-O_2 ↑ Transport O_2, Fe & glucose **Améliore la sensibilité à l'insuline**	↓ Leptine ↑ Système adrénergique **↓ Appétit** **↑ Perte de masse à l'exercice**

9. Je bouge en altitude pour améliorer la santé de mon cœur et de mes artères

L'hypoxie modérée, qui correspond à un séjour en moyenne montagne, s'accompagne d'un mécanisme compensateur à la baisse du contenu sanguin en oxygène (l'hypoxémie): on observe une vasodilatation aiguë au niveau microcirculatoire qui augmente l'alimentation en sang (perfusion) des tissus périphériques. Ce mécanisme est induit par la production de substances vasodilatatrices,principalement le monoxyde d'azote NO, dans l'endothélium (ou surface interne) des vaisseaux (**Figure 18**). Lorsqu'elle est combinée avec une activité physique régulière, on observe une action synergique entre exercice et hypoxie, qui permet de compenser la désoxygénation et, à terme, de réduire l'hypertension artérielle ou de limiter la rigidité artérielle associée au vieillissement. Ces mécanismes sont potentiellement de nature à améliorer la fonction vasculaire périphérique. Une recherche clinique actuellement menée avec des patients AOMI (artériopathie oblitérante des membres inférieurs), c'est-à-dire des personnes dont les artères des jambes sont obstruées, vise à confirmer ces réponses positives au niveau circulatoire.

Le caractère intermittent de l'exposition hypoxique est un paramètre très important à prendre en compte pour l'utilisation de l'hypoxie chez les sujets hypertendus (**Figure 19**). L'exposition continue en hypoxie chez les sujets hypertendus amenés à dormir en altitude pourrait accroître certains risques. En effet, l'hyperventilation qui vise à maintenir une pression alvéolaire en oxygène normale malgré l'hypoxie ambiante s'accompagne d'une réduction de la concentration en CO_2 dans le sang (l'hypocapnie). Or, celle-ci diminue

Figure 18 - Role du monoxyde d'azote dans la vasodilatation vasculaire lors d'exercice en hypoxie
(d'après Casey et Joyner, 2012)

Activation du système nerveux sympathique, qui permet au corps de se maintenir en alerte (en général, il accélère le métabolisme). Les autres substances : adrénaline, adénosine, ATP... sont d'autres candidats pour la vasodilatation vasculaire. (NO : monoxyde d'azote produit par l'endothélium)

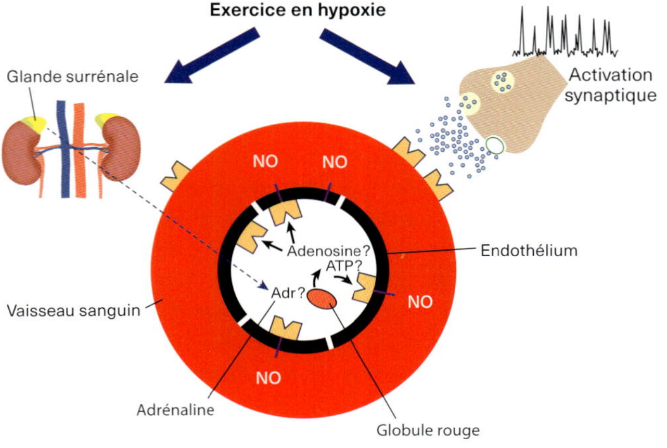

l'apport en oxygène au cerveau et impacte négativement la qualité du sommeil, qui devient plus périodique avec de fréquentes phases de désaturation. Dormir en altitude augmente donc le risque d'apnée du sommeil et l'hypertension qui peut en découler.

Logiquement, les protocoles hypoxiques cherchent à limiter les périodes de sommeil dans ces populations, chez lesquelles on évite donc les méthodes LHTH ou LHTL pour viser les différentes méthodes LLTH. Une exposition en altitude simulée, avec masque ou salle hypoxique en « altitude simulée », est garante d'une efficacité accrue et de risques diminués.

À ce stade, nous préconisons que ce type d'exposition intermittente soit effectué passivement au repos en état de

Figure 19 - Conditionnement hypoxique – effets et conséquences selon les modalités et la sévérité de l'hypoxie *(d'après Verges et al., 2015)*

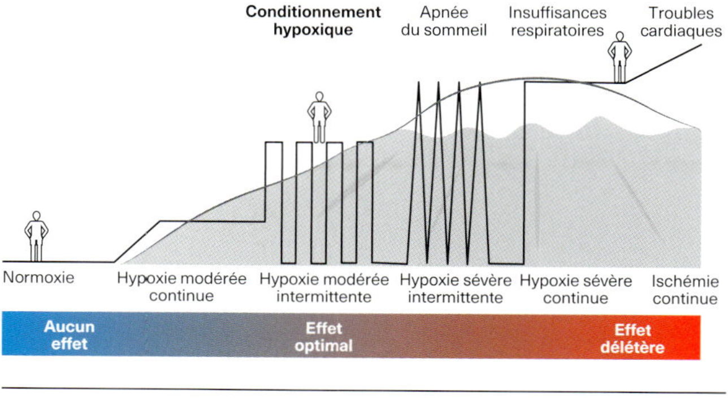

relâchement ou couplé avec des exercices très légers. La Figure 19 présente le continuum avec d'un côté une exposition trop faible et inefficace, et de l'autre côté une exposition continue prolongée potentiellement dangereuse. L'effet cardioprotecteur est maximal pour les patients hypertendus lorsque l'exposition hypoxique est intermittente.

La Figure 20 présente les autres mécanismes favorablement associés à l'hypoxie. À noter que l'augmentation de la perfusion et de l'oxygénation cérébrale (apport de sang et d'oxygène au cerveau) se traduit par une amélioration concomitante des fonctions cérébrales. Des travaux ont aussi montré des bénéfices chez des sujets victimes d'accident vasculaire cérébraux suite à des expositions intermittentes hypoxiques (Tableau 7)

Tableau 7 - Mécanismes de l'exercice en altitude modérée pour les fonctions cérébrales et cardiovasculaires

Cerveau	Régulation de la masse corporelle
↑ Vasoréactivité	↓ Hypertension NO inactivation
↑ Perfusion et oxygénation cérébrale	↑ Production de vasodilatateurs (NO/NOS)
↓ Désaturation	↑ Circulation de facteurs angiogéniques
Améliore les fonctions cérébrales	**↑ Vasodilatation périphérique**
	↓ Rigidité Artérielle
	↓ Facteurs Pro-inflammatoires
	Module le stress Oxidatif
	↓ Vasodilatation compensatrice à l'hypoxémie induit par l'exercice
	Normalise la pression artérielle

Figure 20 - Effets d'une exposition hypoxique intermittente sur différents systèmes de régulation physiologiques.
(d'après Navarrete-Opazo et al., 2014)

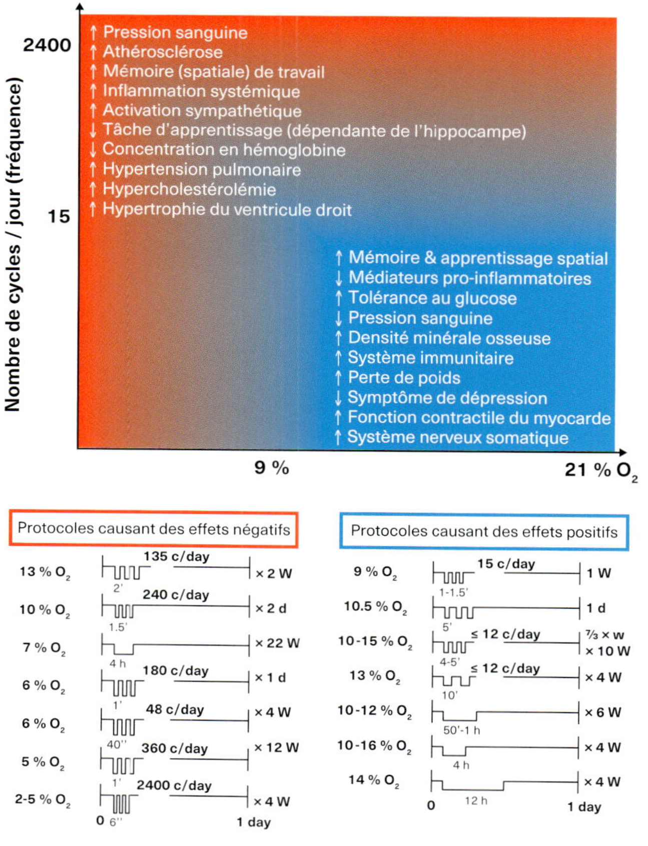

10. Je bouge en altitude pour mieux vieillir

Exercice en altitude et vieillissement

Une activité physique régulière a un impact bénéfique à tous les âges de la vie. Rester actif permet de prévenir les maladies cardiovasculaires ou le diabète, mais joue également un rôle dans la prévention comme dans le traitement de l'obésité, du cancer ou des troubles mentaux (**Tableau 8**). Les personnes âgées sont particulièrement susceptibles de développer ces pathologies.

Dans les chapitres précédents, nous avons mis en évidence que l'exercice en altitude modérée:

- induit une perte de masse grasse plus importante que le même type d'activité physique réalisé en plaine
- s'accompagne d'une locomotion plus efficace si on est en surpoids
- apporte une amélioration de la fonction vasculaire: diminution de la rigidité artérielle; meilleure capacité des vaisseaux à vasodilater
- améliore la perfusion et l'oxygénation cérébrale

Logiquement, pour les personnes âgées qui peuvent cumuler surpoids, difficultés de locomotion, dysfonctionnement vasculaire et fonctions cérébrales déclinantes, l'exercice en altitude modérée est associé à une amélioration de la santé et à une réduction des facteurs de risques cardiovasculaires et cérébraux. Globalement, cela augmente les capacités physiques et le bien-être.

Si l'on considère les bénéfices induits par le fait de faire de l'exercice en altitude modérée, on observe que 4 des 7 paramètres du score de santé *Life's Simple 7*,[41] développé par l'Association américaine de cardiologie, sont directement améliorés. Ce score comporte quatre paramètres comportementaux: tabagisme, régime alimentaire, activité physique

Tableau 8 - Effets préventifs ou thérapeutiques de l'activité physique selon les pathologies

	Prévention		**Thérapie**	
	Évidence	Effet	Évidence	Effet
Maladie cardiovasculaire	***	***	**	**
Obésité	**	**	***	*
Cancer	**	**	–	–
Diabètes	***	***	**	*
Musculo-squelettiques	***	**	**	**
Santé mentale	**	**	**	**

41 Score disponible gratuitement sur https://www.heart.org/en/healthy-living/healthy-lifestyle/my-life-check--lifes-simple-7

et indice de masse corporelle, et trois paramètres biologiques: glycémie à jeun, taux de cholestérol total et tension artérielle. Ceci a un effet protecteur pour la santé du cœur et des artères, mais aussi un effet neuroprotecteur important puisque les personnes de plus de 50 ans qui suivent les recommandations du *Life's Simple 7* développent ultérieurement moins de démences.

Résidence en altitude et vieillissement

Plusieurs études épidémiologiques ont montré qu'il existe une influence de l'altitude de résidence sur les facteurs de mortalité. Ainsi en Suisse, pays de montagnes, on a montré une baisse de la mortalité par ischémie cardiaque à partir d'une altitude de résidence de 600 mètres jusqu'à 1 500 mètres (**Figure 21**).[42] Les personnes qui vivent à moyenne altitude voient leur risque de mourir d'un infarctus diminué de 22 %, et celui de succomber à une attaque cérébrale de 12 %. De même, une étude autrichienne rapporte une diminution du taux de mortalité par cancer du côlon chez l'homme ou de cancer du sein chez la femme lorsque l'on vit en altitude modérée (**Figure 22**). Des constatations analogues ont été faites aux États-Unis avec une mortalité par cancer qui diminue en fonction de l'altitude de résidence.

La seule réserve quant à résider d'une façon permanente en altitude est liée à l'observation d'un risque augmenté de dépression et de suicide. Ce résultat est inexpliqué et les chercheurs hésitent entre des facteurs psychosociaux

42 Faeh et al., 2016

Figure 21 - Baisse de la mortalité par maladie cardiaque ischémique en fonction de l'altitude de résidence
(étude réalisée en Suisse Alémanique par Faeh et al., 2016)

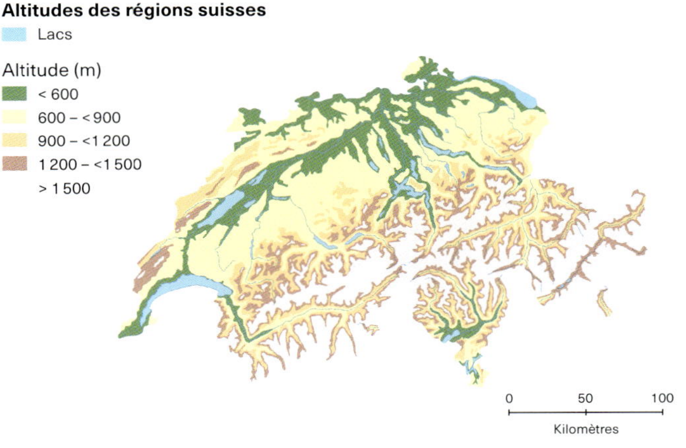

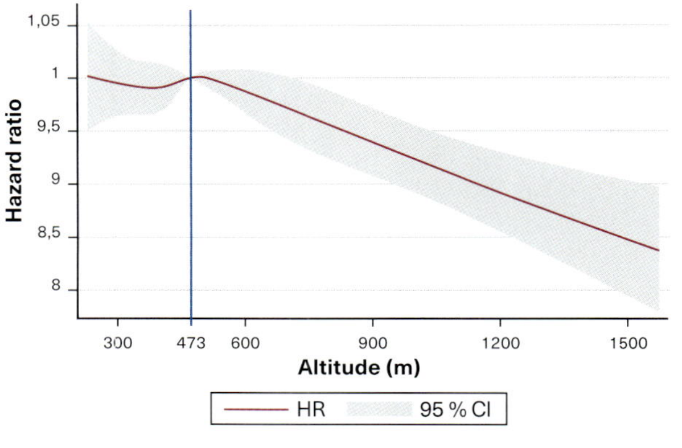

(habitat isolé, difficultés plus grandes de déplacement, cercle familial ou amical plus dispersé) et des facteurs biologiques directs.

En résumé

L'altitude à laquelle on réside a donc été associée à une baisse de la mortalité liée à une réduction des risques, en particulier cardiovasculaires (ischémies myocardiques, maladies coronariennes), oncologiques voire respiratoires. Par ailleurs, l'altitude ralentirait la sarcopénie (diminution de la masse musculaire) chez la personne âgée par les mêmes

Figure 22 - Baisse de la mortalité par cancer en fonction de l'altitude de résidence
(étude réalisée en Autriche par Burtscher et al., 2016)

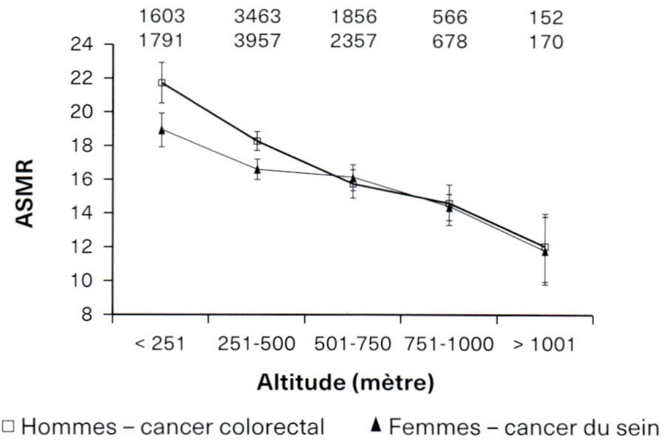

mécanismes que ceux décrits dans le Chapitre 4. On ne peut donc que recommander de profiter de nos montagnes, d'y vivre et d'y vieillir en restant actif !

L'encadré 5 présente des moyens simples et efficaces pour pratiquer une activité physique adaptée.

Encadré 5 - Que faire en altitude pour mieux vieillir ?

Application

En nous appuyant sur les effets préventifs et thérapeutiques connus de l'activité physique (tableau 8), nous recommandons :

Durée/fréquence

Au minimum 3 séances de 30 minutes par semaine.

Idéalement, 5 séances de 60 minutes ou plus par semaine.

Intensité/type d'entraînement

La grande majorité (70-80 %) des exercices doit être effectuée en aérobie, à intensité modérée (60-70 % FC max et aisance respiratoire – on doit pouvoir discuter sans essoufflement). Les exercices recommandés sont par exemple : marche avec bâtons (sur terrain plat ou faible pente) ; ski de fond (en classique) ; VTT/vélo électrique ; natation. Les bénéfices procurés seront essentiellement cardiovasculaires et cérébraux, ainsi que sur la condition physique générale. Ceci s'accompagne d'une meilleure facilité à se mouvoir et ainsi une plus grande autonomie.

Une ou deux séances hebdomadaires peuvent être effectuées à intensité plus élevée et ou sous forme de renforcement musculaire avec charge légère : marche avec bâtons en côte ; course à pied ; musculation et étirements ; sports de raquette

Les bénéfices touchent alors essentiellement les fonctions musculaires et vasculaires en améliorant la force et la résistance à la fatigue.

11. Je monte trop haut et prends des risques pour ma santé.

Il existe des pathologies spécifiques associées à la haute altitude, qui apparaissent chez des personnes vivant habituellement à basse altitude, et qui s'exposent à une altitude haute ou même modérée. On parle de maladies d'altitude. Il en existe trois :

- le mal aigu des montagnes (MAM)
- l'œdème pulmonaire de haute altitude (OPHA)
- l'oedèmecérébral de haute altitude (OCHA)

Mal aigu des montagnes

Le mal aigu des montagnes (MAM) touche potentiellement toutes les personnes exposées à une altitude même modérée comme les randonneurs, trekkeurs, alpinistes, les touristes ou les travailleurs en montagne (télécabine, refuge, observatoires...). Les circonstances de survenue sont variables selon les individus (entre 1 800 et 3 500 m), en général 4 à 8 heures après l'arrivée en altitude. Le MAM peut perdurer 3 à 4 jours et son intensité est maximale principalement la nuit et le matin au réveil.

Les signes cliniques sont bien identifiés :

- céphalées
- nausées, anorexie
- insomnie
- vertiges
- vomissements
- dyspnée de repos
- fatigue anormale ou trop intense
- diminution de la diurèse

Les facteurs favorisant le MAM sont :

- altitude trop élevée
- dénivelé important (on recommande < 400 m entre 2 nuits, au-delà de 3 500 m, en début de séjour)
- exercice intense
- déshydratation
- anxiété (premier séjour)

Les principaux facteurs prédisposants sont :

- antécédents de MAM sévère lors de séjours antérieurs en altitude
- faible chémosensibilité à l'hypoxie
- obésité
- migraine
- aptitude aérobie élevée.

Contrairement à une idée répandue, être en excellente condition physique n'est pas un facteur permettant d'éviter ou de minimiser le MAM. Néanmoins, un entraînement aérobie régulier est gage de réussite car les efforts demandés en montagne sont souvent très longs.

On peut prévenir le MAM avec des mesures simples, comme éviter :

- de monter trop rapidement en altitude ;
- la déshydratation ;
- les efforts intenses en début de séjour, car le taux d'oxygène dans le sang diminue lorsque l'on fait un effort, même minime, en altitude ;
- l'épuisement : multiplier les pauses, par exemple 5 minutes de repos toutes les 30 minutes de marche.

Œdème pulmonaire de haute altitude

Il s'agit d'une pathologie extrêmement grave, pouvant être fatale et pouvant toucher des sujets en excellente santé y compris à des altitudes relativement faibles, entre 2000 et 7000 mètres (grande variabilité individuelle). L'œdème pulmonaire de haute altitude (OPHA) survient généralement pendant le sommeil, au cours des trois premiers jours en montagne. Il consiste en une accumulation de liquide dans les poumons suite à un excès de pression sanguine dans les veines pulmonaires.

Au début, les signes cliniques sont une dyspnée (difficulté respiratoire) anormale, une fatigue intense, une toux sèche parfois associée au MAM (céphalées). Ceci évolue vers une cyanose, des râles pulmonaires, une tachycardie (fréquence cardiaque très élevée), de la fièvre et une expectoration typique.

Si l'OPHA n'est pas traité, le décès survient dans 40 % des cas. Le traitement consiste en redescendre au plus vite (parfois 500 m suffisent pour une amélioration), ou utiliser un caisson hyperbare de recompression portable.

Œdème cérébral de haute altitude

L'œdème cérébral de haute altitude (OCHA) est rarissime dans les Alpes et est généralement observé à des altitudes supérieures à 4000 mètres d'altitude en phase d'acclimatation, ou à de très hautes altitudes (6000-7000 m) quand l'alpiniste est acclimaté. Il s'agit d'une accumulation de liquide dans le cerveau qui souffre à la fois du manque d'oxygène et d'une augmentation de pression dans la boîte crânienne comprimant le cerveau.

Les signes cliniques sont similaires à ceux d'un MAM qui s'aggrave (signes neuropsychiques, hypertension intracrânienne, céphalées calmées par aucun antalgique, vomissements en jet). Ceci peut s'accompagner de modification de l'humeur (irritabilité/torpeur), de phénomènes hallucinatoires, troubles de l'élocution, convulsions ou paralysies.

Si l'OCHA n'est pas traité (redescente immédiate), le décès survient dans 60 % des cas.

Le **tableau 9** regroupe les principaux signes cliniques et recommandations en termes de prévention et traitement pour les trois principales maladies d'altitude.

Tableau 9 - Principales caractéristiques des maladies d'altitude
(d'après Duplain et al., 2017)

Mal aigu des montagnes (MAM)	**Œdème pulmonaire de haute altitude (OPHA)**	**Œdème cérébral de haute altitude (OCHA)**
	Signes cliniques	
• Irritabilité • Céphalées • Inappétence, nausées, vomissements • Troubles du sommeil • Asthénie, fatigue	• Céphalées intenses • Ataxie • Trouble de la coordination • Trouble de l'état de conscience • Déficits neurologiques focaux	• Dyspnée anormale ou persistant malgré le repos • Tachypnée • Tachycardie • Toux sèche ou productive
	Prévention	
• Acclimatation, éviter les efforts trop intenses au cours des 2 à 5 premiers jours • Ascension progressive (maximum 300-400 m/jour) • Bonne hydratation et alimentation riche en hydrates de carbone		
	Traitement	
• Repos sur place • Traitement symptomatique : paracétamol, antiémétique (dosage pédiatrique) • Descente en cas de persistance ou d'aggravation des symptômes • Acétazolamide* 2,5 mg/kg par dose, 2-3 x/jour (max. 250 mg/dose)	• Évacuation rapide vers la plaine • Oxygène, caisson de recompression • Dexaméthasone 0,15 mg/kg par dose 4x/jour (max 4 mg/dose)	• Évacuation rapide vers la plaine • Position assise • Oxygène • Nifédipine* 0,5 mg/kg par dose 3 x/jour (max 20 mg par dose) • Caisson de recompression • Surveillance, repos • Dexaméthasone 0,15 mg/kg par dose 4 x/jour (max 4 mg/dose), si OCHA associé

Conclusion générale

Presque 50 ans après les premières publications scientifiques sur l'entraînement en altitude/hypoxie, des progrès majeurs ont été accomplis dans l'amélioration des performances physiques et l'appréhension des mécanismes sous-jacents. Cette pratique a été principalement utilisée par les sportifs d'endurance afin d'améliorer leur capacité de transport de l'oxygène ; notamment via l'application des méthodes « vivre et s'entraîner en altitude » puis, plus récemment, « vivre en altitude et s'entraîner au niveau de la mer ».

Si ces méthodes « traditionnelles » sont également utilisées par les sportifs pratiquant une activité intermittente de haute intensité, les développements les plus importants et les plus récents concernent la méthode consistant à « vivre au niveau de la mer et s'entraîner en altitude ». Aujourd'hui, le panorama des méthodes d'entraînement en altitude/hypoxie est plus large que jamais et inclut des pratiques innovantes, en particulier la « répétition de sprints en hypoxie » et « le renforcement musculaire en hypoxie », qui semblent plus largement améliorer l'utilisation de l'oxygène au niveau périphérique qu'un même entraînement conduit au niveau de la mer. De même, la combinaison des méthodes comme

« vivre en altitude et s'entraîner au niveau de la mer et en altitude » est particulièrement intéressante pour les joueurs de sports collectifs, car elle associe les adaptations aérobie et anaérobie afin d'optimiser la capacité à répéter des sprints.

D'autres méthodes innovantes, telles que « l'hypoxie par occlusion vasculaire » ou le « renforcement musculaire en hypoxie systémique » montrent des résultats préliminaires encourageants qui demandent à être confirmés. Au-delà de la méthode considérée, le choix de la « dose hypoxique » (niveau et durée) et de la charge d'entraînement (contenu, volume, intensité) est primordial pour optimiser les avantages hypoxiques et atteindre un niveau maximal de performance chez le sportif. Ce livre propose un certain nombre de recommandations pratiques afin d'en faire bénéficier un nombre

Tableau 10 - Synthèse des principaux effets physiologiques des différen

Méthodes	Effets physiologiques			
	Transport oxygène	Volume éjection systolique	Capillarisation	Enzymes aérobies
LHTH	+++	+	+	++
LHTL	+++	++	++	++
IHT	+	+	+	+
RSH	-	+	++	++
RTH	-	-	+	-
LHTLH	+++	++	++	++

LHTH = vivre et s'entraîner en altitude; LHTL = vivre en altitude et s'entraîner au niveau
RTH = entraînement de musculation en hypoxie; LHTLH = vivre en altitude et s'entraîner
+++ effet majeur; ++ effet important; + effet modéré; - effet négligeable.

toujours plus important d'athlètes, qu'ils soient de niveau amateur ou professionnel (Tableau 10). Néanmoins, les études futures devront affiner ces recommandations et permettre de mieux cerner les mécanismes sous-jacents de leur efficacité. Les effets bénéfiques de l'entraînement en altitude/hypoxie ne se limitent pas aux sportifs.

Ce livre met aussi en évidence qu'il existe des formes variées d'exposition à l'altitude/hypoxie pouvant être recommandée pour améliorer la santé des patients hypertendus, en surpoids ou obèses ou encore les personnes âgées. Différentes interventions – soit l'exposition intermittente passive de courte durée ou permanente passive, soit l'entraînement à intensité modérée en hypoxie – peuvent être ciblées pour diminuer les différents facteurs de risques. Quoi qu'il en soit, la combinaison de différentes formes

éthodes hypoxiques.

Pouvoir tampon - glycolyse	Moindre fatigabilité	Améliorer la fonction vasculaire	Améliorer la fonction musculaire
+	+	+++	-
++	++	++	+
++	+	+	+
+++	+++	+++	++
++	++	-	+++
+++	+++	++	++

r; IHT = interval-training en hypoxie; RSH = répétition de sprints en hypoxie;
eau de la mer et en altitude.

d'exposition hypoxiques représenterait certainement la meilleure stratégie pour maximiser les gains pour la santé. L'implémentation d'équipements hypoxiques dans de nombreux clubs professionnels mais aussi dans des hôpitaux est toujours plus importante. De même, le nombre de séjours de plus ou moins longue durée dans nos montagnes va croissant chez des patients souffrant de différentes pathologies cardio-métaboliques.

Ainsi, avec les évidences scientifiques présentées dans ce livre, par une curieuse ironie de l'histoire les stations de montagne pourraient revenir à leurs origines sanitaires du siècle dernier quand les asthmatiques et tuberculeux venaient profiter des bienfaits de l'altitude. Nous croyons fermement que l'utilisation de l'altitude n'en est qu'à ses balbutiements pour de nombreux patients. Notre travail actuel vise maintenant à adapter et traduire aux différentes pathologies des méthodes développées à l'origine dans le sport.

L'entraînement ou le conditionnement en hypoxie/altitude n'ont pas fini d'atteindre de nouveaux sommets !

Glossaire et abréviations

Méthodes d'entraînement en altitude/hypoxie – Récapitulatif

LHTH (*Live High-Train High*) : vivre et s'entraîner en altitude

LHTL (*Live High-Train Low*) : vivre en altitude et s'entraîner au niveau de la mer

LLTH (*Live Low-Train High*) : vivre au niveau de la mer et s'entraîner en altitude

IHE (*Intermittent Hypoxic Exposure at Rest*) : exposition passive intermittente en hypoxie

CHT (*Continuous Hypoxic Training*) : entraînement continu en hypoxie

IHT (*Intermittent Hypoxic Training*) : entraînement intermittent en hypoxie

RSH (*Repeated Sprint in Hypoxia*) : entraînement par répétition de sprints en hypoxie

RSH-VHL : entraînement par répétition de sprints en hypoxie induite par hypoventilation à bas volume pulmonaire

RTH (*Resistance Training in Hypoxia*) : renforcement musculaire en hypoxie

IHIT (*Intermittent Hypoxia Interval-Training*) : interval-training en hypoxie intermittente

LHTLH (*Live High-Train Low and High*) : vivre en altitude et s'entraîner au niveau de la mer et en altitude

LHTHL (*Live High-Train High and Low*) : vivre en altitude et s'entraîner en altitude et au niveau de la mer

HH (*Hypobaric Hypoxia*) : hypoxie hypobare ou altitude naturelle

NH (*Normobaric Hypoxia*) : hypoxie normobare ou altitude simulée

Glossaire

Aérobie : filière énergétique avec consommation d'oxygène. Correspond aux efforts d'intensité modérée

Anaérobie : filière énergétique n'utilisant pas l'oxygène. Correspond aux efforts d'intensité élevée

AMS (*Acute Mountain Sickness*) : mal aigu des montagnes.

BFR (*blood flow restriction*) : occlusion vasculaire

CaO_2 : contenu artériel en oxygène

EMG : électromyographie de surface

EPO : érythropoïétine, hormone produite par le rein et qui induit une augmentation du nombre de globules rouges

FiO_2 : fraction inspirée en O_2

Hb_{mass} : masse en hémoglobine

Hypoxémie : diminution de la quantité d'oxygène contenue dans le sang (SpO_2 < 88 %)

Hypoxie : être en manque d'apport d'oxygène

HH : hypoxie hypobare (induite par une baisse de la pression barométrique ; altitude réelle)

HIE : hypoxémie induite par l'exercice

IPC : préconditionnement hypoxique

ISSUL : Institut des Sciences du Sport de l'Université de Lausanne

N2 : azote

NH : hypoxie normobare (hypoxie induite par une baisse de la concentration en oxygène ; altitude simulée)

NIRS (*Near infrared Spectroscopie*) : spectroscopie dans le proche infra-rouge

NO (*Nitric Oxide*) : monoxyde d'azote

P_AO_2 : pression alvéolaire en O_2

P_aO_2 : pression artérielle en O_2

PB : pression barométrique

PCr : phosphocréatine

PMO : pression maximale d'occlusion

RM : répétition maximale = charge maximale

RSA (*Repeated Sprint Ability*) : capacité à répéter des sprints

RSN : répétition de sprints en normoxie

S_aO_2 : saturation artérielle en oxygène

VHL : hypoventilation à bas volume pulmonaire

VO_{2max} : consommation maximale d'oxygène

Bibliographie

Beard A, Ashby J, Chambers R, Brocherie F & Millet GP. (2018). Repeated-Sprint Training in Hypoxia in International Rugby Union Players. Int J Sports Physiol Perform, 1-15.

Brocherie F, Millet GP, Hauser A, Steiner T, Rysman J, Wehrlin JP & Girard O. (2015). "Live High-Train Low and High" Hypoxic Training Improves Team-Sport Performance. Med Sci Sports Exerc 47, 2140-2149.

Brocherie F, Girard O, Faiss R & Millet GP. (2017). Effects of Repeated-Sprint Training in Hypoxia on Sea-Level Performance: A Meta-Analysis. Sports Med 47, 1651-1660.

Brechbuhl C, Brocherie F, Millet GP & Schmitt L. (2018). Effects of Repeated-Sprint Training in Hypoxia on Tennis-Specific Performance in Well-Trained Players. Sports medicine international open 2, E123-E132.

Burtscher M. (2016). Lower mortality rates in those living at moderate altitude. Aging 8, 2603-2604.

Casey DP & Joyner MJ. (2012). Compensatory vasodilatation during hypoxic exercise: mechanisms responsible for matching oxygen supply to demand. The Journal of physiology 590, 6321-6326.

Christiansen L, Urbin MA, Mitchell GS & Perez MA. (2018). Acute intermittent hypoxia enhances corticospinal synaptic plasticity in humans. eLife 7.

Constantini K, Wilhite DP, Chapman RF. À Clinician Guide to Altitude Training for Optimal Endurance Exercise Performance at Sea Level. High Alt Med Biol. 2017.

Duplain H, Sartori C, Scherrer U. [High-altitude related illness]. Rev Med Suisse. 2007 ;3(120):1766-9

Faeh D, Moser A, Panczak R, Bopp M, Roosli M, Spoerri A & Swiss National Cohort Study G. (2016). Independent at heart: persistent association of altitude with ischaemic heart disease mortality after consideration of climate, topography and built environment. Journal of epidemiology and community health 70, 798-806.

Faiss R, Leger B, Vesin JM, Fournier PE, Eggel Y, Deriaz O & Millet GP. (2013). Significant molecular and systemic adaptations after repeated sprint training in hypoxia. PLoS ONE 8, e56522.

Faiss R, Willis S, Born DP, Sperlich B, Vesin JM, Holmberg HC & Millet GP. (2015). Repeated Double-Poling Sprint Training in Hypoxia by Competitive Cross-country Skiers. Medicine and science in sports and exercise 47, 809-817.

Fernandez Menendez A, Saudan G, Sperisen L, Hans D, Saubade M, Millet GP & Malatesta D. (2018). Effects of Short-Term Normobaric Hypoxic Walking Training on Energetics and Mechanics of Gait in Adults with Obesity. Obesity (Silver Spring) 26, 819-827.

Fornasier-Santos C, Millet GP, Woorons X: Repeated-sprint training in hypoxia induced by voluntary hypoventilation improves running repeated-sprint ability in rugby players. Eur J Sport Sci 2018, 18(4):504-512.

Friedmann B, Kinscherf R, Borisch S, Richter G, Bartsch P & Billeter R. (2003). Effects of low-resistance/high-repetition strength training in hypoxia on muscle structure and gene expression. Pflugers Arch 446, 742-751.

Girard O, Malatesta D & Millet GP. (2017). Walking in Hypoxia: An Efficient Treatment to Lessen Mechanical Constraints and Improve Health in Obese Individuals? Frontiers in physiology 8, 73.

Girard O, Brocherie F & Millet GP. (2017). Effects of Altitude/ Hypoxia on Single- and Multiple-Sprint Performance: A Comprehensive Review. Sports Med 47, 1931-1949.

Hoppeler H & Vogt M. (2001). Hypoxia training for sea-level performance. Training high-living low. Adv Exp Med Biol 502, 61-73.

Incognito AV, Burr JF & Millar PJ. (2016). The Effects of Ischemic Preconditioning on Human Exercise Performance. Sports Med 46, 531-544.

Levine BD & Stray-Gundersen J. (1997). "Living high-training low": effect of moderate-altitude acclimatization with low-altitude training on performance. J Appl Physiol 83, 102-112.

Manimmanakorn A, Hamlin MJ, Ross JJ, Taylor R, Manimmanakorn N: Effects of low-load resistance training combined with blood flow restriction or hypoxia on muscle function and performance in netball athletes. J Sci Med Sport 2013, 16(4):337-342.

Millet GP, Chapman RF, Girard O, Brocherie F. (2019). Is live high-train low altitude training relevant for elite athletes? Flawed analysis from inaccurate data. Br J Sports Med. 53(15):923-5.

Millet GP, Girard O, Beard A & Brocherie F. (2019). Repeated Sprint Training in Hypoxia – An innovative method. Deutsche Zeitschrift für Sportmedizin 70, 115-122.

Millet GP, Debevec T, Brocherie F, Malatesta D & Girard O. (2016). Therapeutic Use of Exercising in Hypoxia: Promises and Limitations. Frontiers in physiology 7, 224.

Millet GP & Jornet K. (2019). On Top to the Top - Acclimatization Strategy for the "Fastest Known Time" to Everest. Int J Sports Physiol Perform, 1-12.

Navarrete-Opazo A & Mitchell GS. (2014). Therapeutic potential of intermittent hypoxia: a matter of dose. American journal of physiology Regulatory, integrative and comparative physiology 307, R1181-1197.

Patterson SD, Bezodis NE, Glaister M & Pattison JR. (2015). The Effect of Ischemic Preconditioning on Repeated Sprint Cycling Performance. Medicine and science in sports and exercise 47, 1652-1658.

Schobersberger W, Schmid P, Lechleitner M, von Duvillard SP, Hortnagl H, Gunga HC, Klingler A, Fries D, Kirsch K, Spiesberger R, Pokan R, Hofmann P, Hoppichler F, Riedmann G, Baumgartner H & Humpeler E. (2003). Austrian Moderate Altitude Study 2000 (AMAS 2000). The effects of moderate altitude (1,700 m) on cardiovascular and metabolic variables in patients with metabolic syndrome. European journal of applied physiology 88, 506-514.

Scott BR, Slattery KM, Sculley DV & Dascombe BJ. (2014). Hypoxia and resistance exercise: a comparison of localized and systemic methods. Sports Med 44, 1037-1054.

Scott BR, Loenneke JP, Slattery KM & Dascombe BJ. (2015). Exercise with blood flow restriction: an updated evidence-based approach for enhanced muscular development. Sports Med 45, 313-325.

Trincat L, Woorons X & Millet GP. (2017). Repeated-Sprint Training in Hypoxia Induced by Voluntary Hypoventilation in Swimming. Int J Sports Physiol Perform 12, 329-335.

Turner G, Fudge BW, Pringle JSM, Maxwell NS, Richardson AJ: Altitude training in endurance running: perceptions of elite athletes and support staff. J Sports Sci 2019, 37(2):163-172.

Verges S, Chacaroun S, Godin-Ribuot D & Baillieul S. (2015). Hypoxic Conditioning as a New Therapeutic Modality. Front Pediatr. 22;3:58.

Wiesner S, Haufe S, Engeli S, Mutschler H, Haas U, Luft FC & Jordan J. (2010). Influences of normobaric hypoxia training on physical fitness and metabolic risk markers in overweight to obese subjects. Obesity (Silver Spring) 18, 116-120.

Woorons X, Bourdillon N, Vandewalle H, Lamberto C, Mollard P, Richalet JP & Pichon A. (2010). Exercise with hypoventilation induces lower muscle oxygenation and higher blood lactate concentration: role of hypoxia and hypercapnia. European journal of applied physiology 110, 367-377.

Woorons X, Mucci P, Aucouturier J, Anthierens A & Millet GP. (2017). Acute effects of repeated cycling sprints in hypoxia induced by voluntary hypoventilation. European journal of applied physiology 117, 2433-2443.

Woorons X (2014) Hypoventilation training, push your limits!. Arpeh, Lille.

Liste des figures

Liste des tableaux

Liste des encadrés

Achevé d'imprimer : novembre 2019